Gisela Walter

Ich
und die anderen

Gisela Walter

Ich

und die anderen

Kinder werden selbstbewußt
und tolerant
Spiele, Lieder und Aktionen
für das Leben
in der Gemeinschaft

mit Liedern von Gerhard Schöne
und Illustrationen von
Betina Gotzen-Beek

Herder Freiburg · Basel · Wien

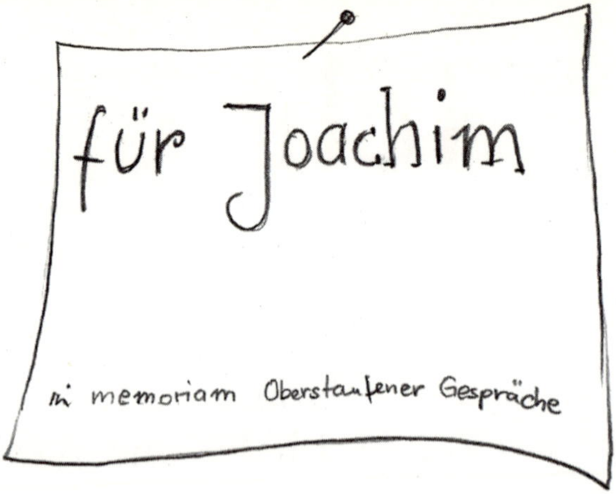

Gedruckt auf umweltfreundlichem,
chlorfrei gebleichtem Papier

Umschlaggrafik: Barbara Theis, Freiburg
Textgrafik: Betina Gotzen-Beek, Freiburg
Notengrafik: Nikolaus Veeser, Schallstadt

Satz: Barbara Herrmann, Freiburg
Druck und Bindung: Freiburger Graphische Betriebe 1999
ISBN 3-451-22274-4

Vorwort

Jetzt haben Sie den vierten Band des Buchquartetts „Ich" in der Hand. Alle vier Bücher wollen einen Beitrag leisten, Kinder auf dem aufregenden Weg vom „ich" zum „du" und weiter zu „den anderen" zu begleiten. Das Ziel ist das selbstbewußte und tolerante Kind, eine Persönlichkeit, die weiß, was sie kann, die ihrer Umgebung offen begegnet und selbstsicher ihren Platz in der Gruppe, in der Familie und auch in der Gesellschaft einnimmt.
Alle vier Bücher des Quartetts sind Bausteine dieses Erziehungskonzeptes, gehören zusammen, ergänzen sich, bauen aufeinander auf:
Der erste Band „Ich" beschreibt, wie das Kind sich selbst wahrnimmt, seinen Körper, seine Gedanken und Gefühle. Wie es, unabhängig von Zuspruch und Lob des Erwachsenen, stolz auf sich selbst sein und sich sicher und stark fühlen kann. Diese Selbsterfahrung und Selbsterkenntnis führt dazu, daß das Kind seinen Mitmenschen aufgeschlossen und interessiert begegnet. Das ist die Voraussetzung dafür, daß das Kind von sich aus bereit und in der Lage ist, sich in eine Gruppe einzuordnen, ohne sich unterzuordnen.
Und das ist folglich das Thema des zweiten Bandes „Ich und meine Freunde". In Spielen mit anderen Kindern erprobt, lernt und übt das Kind unterschiedliche soziale Verhaltensmuster. Mit Freunden geht das leichter und macht mehr Spaß.
Der dritte Band „Ich und meine Familie" schlägt die Brücke zwischen Alt und Jung, den Generationen, wie sie in der Familie zusammenleben. Spielerisch wird dem Kind bewußt, daß jede Familie anders ist, andere Gewohnheiten, Lebensstile und Werte hat. Es lernt, diese Unterschiede zu erkennen und zu akzeptieren.
Der vorliegenden vierte Band „Ich und die anderen" führt das Kind nun in die Welt der Erwachsenen, in die Gemeinschaft, die Gesellschaft. Durch Erlebnisse und Begegnungen erfährt es, wer die „anderen" sind. Das Kind beobachtet deren Verhalten und lernt weitere soziale Verhaltensweisen wie: auf Fremde zugehen, mit Erwachsenen ein Gespräch führen, Wünsche äußern, Probleme erkennen und anpacken, Eigeninitiative entwickeln und sich für das, was man tut, verantwortlich fühlen.
Die Bücher sind so konzipiert, daß einzelne Themen und Spiele ausgesucht und spontan umgesetzt und ebenso große Aktionen und Projekte daraus entwickelt werden können, die über Tage und Wochen dauern. Wer situationsorientiert arbeitet, wird die Themenwahl und die Art der Durchführung gemeinsam mit den Kindern entscheiden, planen und realisieren – selbstbewußt und tolerant.

Gisela Walter
Juni 1999

Inhalt

2. Kapitel
Wo und wie und was die Menschen arbeiten

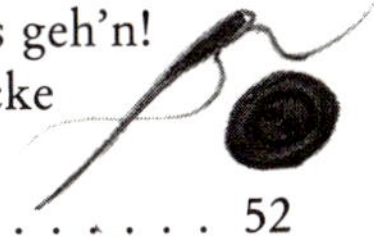

„Hier spielt sich was ab“

1. Kapitel

Erste Begegnungen mit anderen Menschen

Was ist da draußen?

Der Anfang, also der erste kleine Schritt, wie im Vorwort beschrieben, ist die Begegnung mit den Nachbarn:

Die Nachbarn

Die Kinder sehen die Nachbarn im Treppenhaus, im Garten nebenan, vor der Haustüre, auf dem Gehweg oder auf der Straße vor dem Haus. Es kommt ganz darauf an, wo und wie die Kinder wohnen.

Die Begegnungen mit Nachbarn erleben Kinder unterschiedlich, die Erwachsenen machen es ihnen vor:

Die einen begrüßen sich freundlich, bleiben gerne stehen, freuen sich, den anderen anzutreffen, und erkundigen sich nach dessen Wohlergehen.

Andere wollen lieber auf Distanz bleiben, meiden vertraute Gespräche und gehen höflich grüßend, aber eilig, an ihrem Nachbarn vorbei.

Wieder andere können sich nicht ausstehen, finden alles, was der Nachbar macht oder nicht macht, störend und empörend, vermeiden jede Begegnung, und von Grüßen kann keine Rede mehr sein.

Gute Nachbarschaft

In guter Nachbarschaft miteinander leben, sich gegenseitig helfen, sich sagen können, was einem gefällt oder auch nicht gefällt, ohne gleich gekränkt zu sein, ehrlich und tolerant miteinander umgehen können ... ja, darauf kommt es an, wenn man mit Nachbarn gut auskommen will.

Als Erzieherin oder Lehrerin haben Sie keinen Einfluß darauf, wie die Familien der Kinder den nachbarschaftlichen Kontakt pflegen. Aber wie die Kinder im Kindergarten oder in der Schule den Nachbarn begegnen können, das können Sie den Kindern zeigen. Dazu die Beispiele und Aktivitäten dieses Kapitels.

Fenstergucker

Das erste Spiel beginnt: Um die Kinder neugierig zu machen, stellen Sie sich ans Fenster und schauen interessiert nach draußen, ohne ein Wort zu sagen. Wie lange? Bis Sie von einer neugierigen Kinderschar umringt sind, die wissen will, was es da draußen zu sehen gibt. Ihre Antwort: „Ich will heute genau wissen, wer hier meine Nachbarn sind!"
Da wollen die Kinder mitmachen! Jetzt heißt es Platz gemacht, damit jeder einen guten Ausguck an den Fenstern hat. Und mit Ihren Fragen werden die Kinder zum genauen Schauen aufgemuntert:

- Steht auf der anderen Straßenseite ein Haus?
- Ist es groß, ist es klein?
- Wer wohnt da? Viele Familien oder nur eine Familie?
- Ist es ein Gebäude, in das die Menschen nur tagsüber kommen, um dort zu arbeiten?
- Grenzt an den Kindergarten ein anderer Garten, steht dort auch ein Haus?
- Wer hat schon mal die Nachbarn im Garten nebenan gesehen oder sogar mit jemandem gesprochen?

Auf Beobachterposten

Wollen die Kinder einen besseren Rundumblick haben, am besten draußen im Hof oder Garten? Jeder sucht sich dort einen Posten aus, von dem aus er Ausschau halten kann. Wenn die Kinder sich zu kleinen Gruppen zusammenschließen, ist es lustiger. Dann können sie die anderen auf ihre Entdeckungen aufmerksam machen: „Guck mal dort ...!"
Nach etwa zehn Minuten rufen Sie mit einem lauten Gongschlag alle Kinder zusammen. Wer will, berichtet seine Beobachtungen.
Dann geht es zur zweiten Runde, diesmal geht jeder an einen anderen Platz. Und wieder werden nach kurzer Zeit die Kinder zusammengerufen und die Beobachtungen ausgetauscht.
Wollen die Kinder weitermachen? Jedesmal einen anderen Platz aussuchen, das ist die Spielregel!

Wer wohnt nebenan?

Die Kinder konnten sehen, welche Leute in den Nachbargebäuden ein und aus gehen, und haben ihre Vermutungen in phantasievolle Geschichten verpackt. Aber wissen sie wirklich genau, ob ihre Geschichten stimmen? Wie könnten sie das herausbekommen? Die Kinder überlegen.

Jan meint: „Wir schleichen uns heimlich heran und belauschen die Nachbarn, dann wissen wir mehr!“

Jonas meint: „Mit einem Fernglas können wir durch die Fenster in die Wohnungen schauen, dann sehen wir mehr!“

Die Phantasie der Kinder ist grenzenlos. Eine gute Gelegenheit, den Kindern zu erklären, welches Verhalten die Nachbarn stören oder sogar ärgern könnte, und worüber die Nachbarn sich freuen und worauf sie verständnisvoll reagieren würden.

Till hat eine neue Idee: „Wir gehen hinaus und sprechen mit den Nachbarn!“

Und Lars ergänzt: „Wir können auch zum Nachbarhaus gehen und klingeln und fragen, wer dort wohnt.“

Die Vorbereitung

Also, machen Sie mit den Kindern einen Plan, wie man am besten vorgeht, um mit den Nachbarn in Kontakt zu kommen. Dabei überlegen die Kinder auch, ob das, was sie vorhaben, nicht zu aufdringlich ist oder die Nachbarn überrumpelt. Hierzu Anregungen:

- Die Nachbarn mit einem großen bunten Plakat am Gartenzaun auf die Kennenlern-Aktion aufmerksam machen
- oder Briefe schreiben, die die Kinder mit Zeichnungen bunt illustrieren und in die Briefkästen stecken,
- oder Handzettel am Gartentor des Kindergartens verteilen,
- oder Sie gehen mit ein paar Kindern in das Nachbarhaus und informieren über die geplante Aktion.

Die Planung

Und wie wird die Frageaktion durchgeführt?
Auch dazu gibt es einiges abzuklären. Wiederum sollten die Ideen von den Kindern selbst entwickelt werden. Stellen Sie nur Fragen, die Lösungen überlegen sich die Kinder und stimmen auch miteinander ab. Für dieses Planungsgespräch ein paar Stichworte:

- Kommen alle Kinder mit, um mit dem Nachbarn zu sprechen? Vielleicht passen gar nicht alle Kinder in seine Wohnung?
- Hat der Nachbar überhaupt Zeit für ein Gespräch mit den Kindern?
- Vielleicht sollten wir vorher anrufen und einen genauen Termin ausmachen? Oder zwei oder drei Kinder ziehen als Boten los und fragen den Nachbarn, wann die anderen kommen dürfen.
- Wir können auch in kleinen Gruppen zum Nachbarn gehen, jeden Tag besucht eine andere Gruppe das Nachbarhaus. Wenn es ein Mehrfamilienhaus ist, könnte jede Gruppe eine andere Familie besuchen. Wenn es ein Büro oder Geschäft ist, sieht die Besucherzeit wieder anders aus.
- Im Sommer kann die erste Begegnung auch im Garten stattfinden.
- Oder wollen wir die Nachbarn zuerst zu uns einladen?

Praktische Tips

Knüpfen Sie den ersten Kontakt mit den Nachbarn per Telefon, mit einem Gartenzaun-Gespräch oder einem kurzen Besuch an der Wohnungstür. Bei diesem Gespräch können auch zwei oder drei Kinder dabei sein und später den anderen von dieser ersten Begegnung erzählen.
Informieren Sie die Nachbarn ausführlich über das geplante Projekt, warum Sie es ausführen und was die Kinder dabei lernen werden. Besprechen Sie auch den Zeitrahmen.

Die Hausmaus Cecilie Zoch

Die Hausmaus Cecilie Zoch
hat in jeder Wohnung
ein ganz kleines Loch.

Am Montag geht sie zu Frau Schmitz,
die schläft wieder im Fernsehsitz,
und von ihrem Schoß,
da holt sie sich bloß
ein Stückchen des süßen Bisquits.

Am Dienstag ist sie bei Herrn Schramm,
der sammelt unglaublich viel Kram,
hier findet sie oft,
total unverhofft,
Stück Wurst zwischen Socken und Kamm.

Die Hausmaus Cecilie Zoch
hat in jeder Wohnung
ein ganz kleines Loch.

Am Mittwoch Familie K.
Vier Kinder und eine Mama.
Der Papa zog weg,
seitdem fehlt der Speck,
doch Vollkornbrotkrümel gibt's da.

Am Donnerstag Herr und Frau Dietz,
mit Pudel und Dackel und Mietz.
Meist liegen die fett,
bei Dietzens im Bett.
Ihr Fressnapf quillt über – man sieht's!

Die Hausmaus Cecilie Zoch
hat in jeder Wohnung
ein ganz kleines Loch.

Am Freitag Familie Brandt,
dort ist sie beliebt und bekannt.
Da füttert das Kind
das Mäuslein geschwind
mit Nüssen, direkt aus der Hand.

Am Samstag die alte Frau Sass,
die sucht dauernd irgend etwas.
Die Brille, das Geld,
am Sonnabend fehlt
Stück Leberkäs aus ihrem Glas.

Die Hausmaus Cecilie Zoch
hat in jeder Wohnung
ein ganz kleines Loch.

Doch sonntags, da bleibt sie zu Haus,
da kommt nämlich Fridolin Maus.
'S gibt Nüsse zu schälen,
's gibt viel zu erzählen,
und nie geht der Vorrat ihr aus!

Die erste Begegnung

Was wollen wir fragen?

Ja, das ist die Frage! Alle Kinder sitzen im Kreis, und der Reihe nach überlegt jeder, was er wissen möchte, und formuliert eine Frage dazu. Das können ernste und witzige Fragen sein. Wem nichts einfällt, der schaut seinen Nachbarn an, und der macht dann weiter. Später, im Gespräch mit dem Nachbarn, werden den Kindern ganz andere Fragen in den Sinn kommen. Dieses Spiel soll eine Übung und Vorbereitung auf die bevorstehende Situation sein und den Kindern Verhaltenssicherheit geben.

Lampenfieber?

Dann endlich ist es soweit! Alles ist geklärt und abgesprochen (siehe Seite 15), es kann losgehen! Die Spannung ist groß und wunderbar aufregend! Zur vereinbarten Zeit ziehen die Kinder los. Der Nachbar weiß Bescheid. Vielleicht winkt er schon von seinem Fenster aus den Kindern zu? Wer darf klingeln?
Vielleicht überreichen die Kinder ein gemaltes Bild? Dann können Nachbar und Kinder sich gleich darüber unterhalten – und schon sind sie mitten im Gespräch.
Nach etwa 15 Minuten verabschieden sich die Kinder. Ob sie wieder einmal vorbeischauen dürfen?

Mit den nachfolgenden Spielen können die Kinder ihre Erlebnisse austauschen, verarbeiten und Neues planen.

Erzählrunde

Die Kinder treffen sich in der Kuschelecke, und wer will, erzählt den anderen von seinen Eindrücken. Aber nur derjenige ist an der Reihe, der den großen Wasserball in der Hand hat. Wenn er mit seinem Bericht fertig ist, gibt er den Ball seinem Nebensitzer. Wer nichts sagen, sondern nur dabei sein und zuhören will, gibt den Ball einfach weiter.

Buchtip: Weitere Anregungen für Erzählspiele dieser Art siehe Band 2 dieser Reihe: „Ich und meine Freunde“, Seite 86 ff.

Den finde ich nett

Auch über ihre Gefühle gegenüber den Nachbarn sollten die Kinder reden. Jeder sagt also, wie er die Personen findet, mit denen er gesprochen hat, ob er sie gut leiden kann oder ob jemand dabei ist, den er komisch findet.
Diese Aussagen sind für Sie wichtig! Haben die Kinder zum Beispiel bei jemandem unsichere Gefühle, dann sollten Sie keine weiteren Begegnungen mit der Person planen. Es macht Sinn, auch mit den Kolleginnen darüber zu sprechen, vielleicht sogar mit diesem Nachbarn.

Dokumentation

Mit selbstgemalten Bildern oder geklebten Collagen dokumentieren die Kinder alle Begegnungen mit den Leuten aus der Nachbarschaft.
Und Sie könnten viele Fotos aufnehmen, während der Gespräche Notizen machen, zum Beispiel über die Fragen der Kinder, über originelle Anworten, interessante Informationen und witzige Situationen.
Zum Schluß werden alle bemalten, beklebten und beschriebenen Blätter samt Fotos in einen Ordner einsortiert. Vielleicht sind auch Briefe von den Nachbarn dabei?
Klar, daß die Nachbarn diesen Ordner auch anschauen wollen. Vielleicht wird das die tolle Überraschung beim nächsten Nachbarschaftsfest im Kindergarten?

Auf gute Nachbarschaft!

Eine gute Nachbarschaft muß man pflegen wie einen schönen Garten. Immer wieder sollte es zu Begegnungen kommen, dazu gehören auch die Grüße, das Zuwinken, die kleinen Gespräche über den Gartenzaun. Hier weitere Anregungen für kleine Aufmerksamkeiten von seiten der Kinder.

Bildergruß

Ein Kinderbild in einen Umschlag stekken, dazu Grußworte von Ihnen und eine Unterschrift vom kleinen Künstler:

Liedergruß

Eine Musikkassette wird bespielt, die Kinder singen zwei oder drei Lieder, und als Abschluß rufen alle laut: „Schöne Grüße von uns!"
Die Kassette wird mit selbstgemaltem Buntpapier hübsch eingepackt und ins Nachbarhaus gebracht.

Jahreszeitengrüße

An Fasching hängen bunte Papierfähnchen an der Haustüre des Nachbarn. Diese haben die Kinder aus Buntpapier ausgeschnitten, auf jedem steht der Name eines Kindes drauf, selbstgeschrieben.

Kurz vor Ostern hängen am Busch neben dem Eingang plötzlich viele buntbemalte Ostereier. Wer die wohl gemacht und gebracht hat?

Im Sommer stecken eines Tages viele Kartengrüße in den Briefkästen. Die haben die Kinder auf Postkarten selbst gemalt, auch die Briefmarke.

Im Herbst wirbeln ein paar Papier-Windrädchen im Vorgarten des Nachbarhauses. Sie sind jeweils mit Draht und Perlen an einem dünnen Stab befestigt und einfach in die Erde gesteckt. Wiederum alles selbstgemacht und mit Namen und Grüßen der Kinder beschriftet.

Am Martinstag steht eine Laterne vor der Haustür, am Nikolaustag ist es ein kleiner Apfel-Nikolaus mit Nußkopf und Wattebart, an Weihnachten hängen Goldpapiersterne an der Haustüre. Die Silvestergrüße für ein weiteres gutes Nachbarschaftsjahr werden natürlich persönlich überbracht!

Nachmittags-Einladung

„Kommen Sie heute nachmittag rüber zu uns? Nur ein kleines Weilchen! Wir machen einen Tee und backen auch einen Kuchen!"
Diese Einladung sagt Judith durchs Telefon. Doch wenn der Nachbar gerade keine Zeit hat, dann vielleicht morgen? Oder paßt es ihm in der nächsten Woche besser? Wenn er will, kann er auch jemanden mitbringen.
Ist ein Büro in der Nachbarschaft? Kein Problem, denn so ein Kuchen reicht auch für mehrere Leute, die schnell mal in der Pause rüberkommen.

Apfelkuchen mit Krümeln

Hier das Rezept für den Kuchen, der schnell gemacht ist, von den Kindern natürlich:
Teig aus 250 g Mehl, 1/2 Päckchen Backpulver, 1 Ei, 150 g Zucker (oder weniger), 100 g Margarine. Alles in eine Schüssel geben und durchkneten, bis der Teig schön krümelig ist. Die Hälfte des Teigs in eine runde Backform krümeln.
Äpfel schälen, entkernen und schnitzeln, die Apfelschnitze auf die Krümel in die Backform legen. Den restlichen Teig gleichmäßig darüberstreuen.
Bei 175° C etwa 50 Minuten backen.

Das Leben draußen auf der Straße

Aus dem Fenster schauen, ein bißchen in den Himmel träumen, den Blick die Straße auf- und abwandern lassen, den Autos nachgucken, die Passanten beobachten, den Blick ohne Ziel umherschweifen lassen – das ist eine wunderbare Beschäftigung, der auch die Kinder gerne nachgehen, mal interessiert und neugierig, mal verträumt und gedankenverloren.
Heute aber soll der Blick nach draußen besonders aufmerksam wahrgenommen werden. Das müssen manche Träumerlein erst üben. Dazu folgende Spiele, die Sie natürlich entsprechend der Umgebung Ihres Kindergartens variieren. Es wird also nicht nur das Nachbarhaus beobachtet, sondern die ganze lange Straße.

Eine extra Bank am Fenster

Sind die Fenster im Gruppenraum ausreichend nieder, daß auch die Kleinen jederzeit hinausschauen können? Oder muß jedes Kind zuerst auf einen Stuhl klettern? Dann wäre es an der Zeit, den Kindern eine extra Fensterbank, abgesichert und stabil, schreinern zu lassen. Vielleicht haben Väter an einem Werkabend – statt Elternabend – Spaß an dieser Arbeit?

Auf die Straße achten

Das ist die erste Übung. Für die Kinder ganz einfach, denn Autos sind ihnen schon immer aufgefallen. Zuerst sind Sie es, die die Fragen stellen. Doch dann heißt die Spielregel: Immer derjenige, der als erster das gesuchte Fahrzeug entdeckt, denkt sich die nächste Frage aus. Hierzu Beispiele:

- Wer sieht ein rotes Auto?
- Wer sieht einen Radfahrer?
- Woher kommt ein Lastwagen?
- Wo parkt ein Auto?

Auf die Häuser achten

Auch das Fragespiel mit den Häusern ist einfach und gibt den Kindern das gute Gefühl, die Welt da draußen bestens in Augenschein nehmen zu können. Fragen dazu könnten sein:

- Welches ist das größte Haus?
- Welches Haus hat den Rolladen geschlossen?
- Bei welchem Haus steht die Haustüre offen?
- In welches Haus geht jemand hinein?

Auf die Menschen achten

Jetzt geht es zur Sache, und je mehr Kinder mitmachen, desto spannender ist das Spiel, weil die Beobachtungen recht unterschiedlich sein werden.
Die Kinder werden diesmal aufgefordert, nicht nur zu raten, was die Leute vorhaben und welche Stimmung sie haben, sondern auch genau zu überlegen, woran man das erkennen kann. Stellen Sie deshalb immer zwei Fragen: eine Beobachtungsfrage und eine Interpretationsfrage, zum Beispiel:

- Wer sieht eine Frau, die einkaufen geht? Woran erkennst du das?
- Wer sieht einen Mann, der es eilig hat? Was, glaubst du, hat er vor?
- Wer sieht zwei Leute, die miteinander reden? Sind sie freundlich miteinander oder streiten sie, und woran siehst du das?
- Mit wem würdest du dich da draußen gerne unterhalten und warum?
- Wer sieht ein Baby? Ob es ihm gutgeht? Woran erkennst du das?

Wie es weitergeht

Bei diesem Spiel wird den Kindern deutlich, daß man aufgrund von Beobachtungen nicht sehr viel über die Menschen erfahren kann. Also nachfragen! Wenn Sie jetzt der Meinung sind, daß die Kinder für solche Begegnungen auf der Straße erst vorbereitet werden sollten, dann sind für Sie die nächsten Seiten interessant. Wenn nicht, geht es auf Seite 30 weiter.

Wenn Leute sich begegnen

Was machen die Leute, wenn sie sich begegnen? Dieses Verhalten wollen wir einmal genauer beobachten, da gibt es viele Unterschiede. Dazu diese Spiele.

Begegnungen

Wieder ein Spiel aus der sicheren Distanz, also am Fenster. Die Kinder beobachten, wie die Menschen reagieren, wenn sie aufeinandertreffen. Beispiele:
- Lächelnd aneinander vorbeigehen;
- sich winkend begrüßen;
- einer rennt dem anderen entgegen;
- beide bleiben überrascht stehen;
- einer ruft den anderen, dieser schaut sich um, beide gehen aufeinander zu.

Wie Leute miteinander reden

Als nächstes achten die Kinder auf die Körpersprache der Leute. Je genauer man hinschaut, desto besser kann man die Menschen aufgrund dieses Verhaltens einschätzen. Dazu ein paar Beispiele, die sich auch als kleine Rollenspiele eignen:

- Einer spricht jemanden an, der geht einfach weiter und schaut in die Luft. Hat er es nicht gemerkt, oder will er nicht mit dem anderen reden? Was meinen die Kinder dazu?
- Einer redet auf den anderen ein, der schaut verlegen auf seinen Fuß. Wie fühlt sich der eine, wie der andere? Darüber tauschen die Kinder ihre Meinungen aus.
- Zwei reden gleichzeitig miteinander, fuchteln aufgeregt mit den Armen herum. Sind sie wütend, oder erzählen sie sich lustige Geschichten? Am Gesichtsausdruck ist das zu erkennen.
- Einer erzählt und erzählt und hört nicht auf, der andere schaut gelangweilt umher. Warum merkt das der andere nicht? Das erklären die Kinder selber.
- Einer redet und lacht, auch der andere amüsiert sich sehr. Die beiden verstehen sich gut! Woran erkennt man das? Das wissen die Kinder bestimmt!

Schau-Spiele draußen

Jetzt schauen die Kinder nach draußen auf die Straße. Wie begegnen sich dort die Menschen?

Mit Ihren Fragen animieren Sie die Kinder zum genauen Schauen und auch zum Geschichten-Erfinden. Es macht Spaß, sich auszudenken, was die Leute da draußen auf der Straße miteinander reden, ob sie gut miteinander auskommen, was sie denken und was sie nicht merken.

Am Schluß dieses Schau-Spiels sollten Sie unbedingt noch einmal darauf hinweisen, daß die Kinder sich diese Geschichten selbst ausgedacht haben. Ob es stimmt, wissen wir nicht. Mehr dazu siehe Seite 30.

Begrüßungs-Spiele drinnen

Die Kinder sind ausgezeichnete Nachahmungskünstler! Deshalb werden ihnen diese Pantomimespiele Spaß machen, bei denen Mimik und Gestik besonders im Vordergrund stehen. Beschreiben Sie als Spielleiterin verschiedene Szenen. Am besten beginnen Sie mit solchen, die die Kinder auf der Straße beobachtet haben. Weitere Szenen-Beispiele:

- Zwei Freunde treffen sich, sie haben sich lange nicht gesehen, erkennen sich beinahe nicht.
- Ein Herr begrüßt eine Dame, die gar nichts von ihm wissen will.
- Einer ist bestens gelaunt, hat viel Zeit und möchte mit dem anderen reden, der aber hat keine Zeit.
- Einer ist verträumt und merkt nicht, daß der andere ihn etwas fragt.
- Zwei Personen prallen aufeinander, entschuldigen sich, unterhalten sich und gehen dann gemeinsam weiter.
- Einer ist wütend auf jemanden, den er nun unterwegs antrifft. Er spricht ihn an. Werden sie sich vertragen oder wütend auseinandergehen? Das entscheiden die Spieler selber.

Hallogrüßgottgutentag

Ich ging einmal durchs Land,
gab jemandem die Hand
und sagte: „Guten Tag!“
Da sah der mich groß an.
Hier sagt man nur: „Grüß Gott!“
Ach so! „Grüß Gott!“
Hier sagt man nur: „Grüß Gott!“
Ach so!

Ich ging einmal durchs Land,
gab jemandem die Hand
und sagte dann: „Grüß Gott!“
Da sah der mich groß an.
Hier sagt man nur: „Moin-moin!“
Ach so! „Moin-moin!“
Hier sagt man nur: „Moin-moin!“
Ach so!

Ich ging einmal durchs Land,
gab jemandem die Hand
und sagte dann: „Moin-moin!“
Da sah der mich groß an.
Hier sagt man nur: „Glück auf!“
Ach so! „Glück auf!“
Hier sagt man nur: „Glück auf“!
Ach so!

Ich ging einmal durchs Land,
gab jemandem die Hand
und sagte dann: „Glück auf!“
Da sah der mich groß an.
Hier sagt man nur: „Hallo!“
Ach so! „Hallo!“
Hier sagt man nur: „Hallo!“
Ach so!

Ich ging einmal durchs Land,
gab jemandem die Hand
und sagte dann: „Hallo!“
Da sah der mich groß an.
Hier sagt man nur: „Guten Tag!“
Ach so! „Guten Tag!“
Hier sagt man nur: „Guten Tag!“
Ach so!

Fröhlicher Gang, wütender Schritt

Ja, wirklich, schon an der Art und Weise, wie jemand geht, kann man dessen Stimmung und Laune erraten. Es macht Sinn, bei Begegnungen darauf zu achten und sich darauf einzustellen. Das können die Kinder bei diesen Spielen lernen.
Wollen Sie es miteinander üben? Hierzu ein paar Spielanregungen, die von den Kindern in eigener Regie weiter ausgeführt werden können.

Ich freue mich, weil ich gleich ein Eis kaufen werde.

Ich bin bestens gelaunt und gehe spazieren.

Ich bin wütend und warte auf jemanden.

Ich bin sehr müde und gehe nach Hause.

Ich habe ein bißchen Angst, muß aber weitergehen.

Ich habe ein sehr schlechtes Gewissen und verdrücke mich.

Ich habe etwas Trauriges gehört und denke darüber nach.

Praktische Tips

Diese Spiele können unterschiedlich ausgeführt werden:

Mit allen
Alle Kinder stehen im Raum verteilt, Sie beschreiben eine Stimmung oder Szene, und alle Kinder spielen, was ihnen dazu einfällt.

Einer allein
Freiwillige vor. Sie beschreiben die Szene, und ein Spieler führt sie den anderen vor, gerade so, wie er möchte.

Verschiedene Versionen
Die gleiche Szene wird von verschiedenen Spielern wiederholt, und jeder spielt das, was er für richtig hält. So lernen die Zuschauer die kleinen Unterschiede kennen. Eine Bewertung ist nicht erlaubt!

Ratespiel
Sie flüstern dem Spieler eine Stimmung ins Ohr, der versucht, sich in diese Stimmung zu versetzen, und wandert durch den Raum. Die anderen raten.

Mitgemacht
Auch hier muß man die Stimmung des Spielers erraten. Aber diesmal steht derjenige, der die Stimmung des anderen erkennt, auf und spielt mit.

Buchtip: Weitere Spielanregungen dieser Art siehe Band 1 dieser Reihe: „Ich", ab Seite 46 und 82.

Vorurteil und Mißverständnis

So können Sie es den Kindern erklären: Ein Vorurteil ist, wenn man meint, etwas verstehen und beurteilen zu können, obwohl man gar nichts genau weiß. So entstehen Mißverständnisse. Und die sind mit Problemen verbunden.

Bei den Spielen auf den vorhergehenden Seiten können die Kinder auf diesen Unterschied zwischen Phantasie (also was die Kinder sich ausdenken) und Wirklichkeit (also was die Kinder wirklich beobachten) hingewiesen werden. Doch wie diese abstrakten Begriffe genauer erklären?

Hier ist der Kasperl der beste Spielpartner. Wenn er mitmacht, kann man komplizierte Dinge vereinfacht darstellen und übertrieben ausspielen. Dazu eine kleine Szene, bei der die Kinder schnell erkennen, was ein Vorurteil ist.

Dummes Kasperle

Die Gretel sitzt in der Ecke und weint! Der Kasperl kommt von der anderen Seite, wundert sich und macht sich viele Gedanken:

Oh, die Gretel weint! Das kann ich gar nicht ertragen! Nein, eine weinende Gretel ist etwas fürchterlich Schreckliches.

Da muß ich auch gleich weinen! Huhuhu! (plärrt das Kasperle los, doch hört gleich wieder auf und denkt laut nach:)

Aber ich weiß ja gar nicht, warum ich weine und warum die Gretel weint! Sicher hat sie ihren Korb vergessen. Huhuhu! (Wieder fängt der Kasperl zu weinen an und genauso schnell hört er wieder auf.) Nein, das kann nicht sein, denn den Korb hat sie im Arm! Aber dann hat sie ihr Kopftuch verloren. (Kasperl sucht umher, findet nichts, heult wieder los und hört gleich wieder auf.) Nein, das ist auch falsch, denn das Kopftuch hat sie doch umgebunden, ich kann es sehen. Dann habe ich sicher etwas gemacht, was die Gretel kränkt. Ja, das ist es. Ich habe heimlich ein Stück Kuchen gegessen. (Schon wieder beginnt Kasperle mit seinem Geheule, dann fällt ihm ein:) Nein, stimmt auch nicht, denn den Kuchen hat mir ja die Großmutter geschenkt. Ich hab's! Die Gretel ist über mein gemaltes Gespensterbild erschrokken. Huhuhu! (Kasperl weint wieder, diesmal klingt es aber eher wie ein Gespenstergejaule. Schnell hört er wieder auf.)

Nein, das kann es auch nicht sein, denn das Bild habe ich dem Seppel geschenkt, und der hat es versteckt.

Warum weint denn nun die Gretel? Kinder, wißt ihr es? (Die Kinder antworten.) Kinder, wißt ihr denn, was ich jetzt tun soll? (Kasperle fragt so lange weiter, bis die Kinder vorschlagen, daß er die Gretel selber fragen soll!)

Ach so, ja, sonst würde ich mir noch viele Sachen ausdenken, warum die Gretel weint, weiß es aber nicht. Ich frage jetzt die Gretel. (Kasperl geht zur Gretel und merkt, daß sie mit Weinen aufgehört hat.) He, du, Gretel, warum hast du denn geweint? Was habe ich gemacht, daß du wegen mir weinst?
Die Gretel dreht sich um, schaut den Kasperl an und sagt, noch ein bißchen schluchzend: Ich bin hingefallen und habe mir mein Knie aufgeschlagen, das tut mir weh!
Kasperl ist sichtlich verlegen: Oh, und ich habe so viel nachgedacht und mir so schreckliche Sachen ausgedacht und dabei ganz versäumt, dich zu fragen und dir zu helfen!
Kasperl beugt sich zur Gretel und streichelt ihr sanft über den Kopf, als wolle er sie jetzt trösten, dann fragt er: Geht es dir jetzt wieder besser?
Ja! antwortet die Gretel. Der Vorhang wird geschlossen.

Gespräch mit den Kindern

Was hat der Kasperl falsch gemacht? Er hätte fragen sollen, dann hätte er der Gretel gleich helfen und sie trösten

können. Aber darauf sollen die Kinder selber kommen!

Lauter Mißverständnisse

Hier weitere Spielbeispiele. Die älteren Kinder können daraus auch Rollenspiele inszenieren.

Zornig sein
Seppel ist zornig, weil Großmutter ihm verboten hat, ein Stück von dem Sonntagskuchen zu nehmen. Kasperle aber bezieht es auf sich und wird am Schluß auch zornig – und zwar auf den Seppel!

Auslachen
Die Kinder erzählen dem Kasperl Witze, der lacht sich krumm und schief und kann sich kaum beruhigen. Seppel kommt und meint, der Kasperl würde über ihn lachen, ihn auslachen. So eine Gemeinheit! Seppel ist zuerst gekränkt. Erst zum Schluß erfährt Seppel den Grund von Kasperls Lachanfall. Kasperl erzählt ihm auch einen Witz, und beide ziehen lachend ab.

Den anderen ansprechen

Jetzt ist den Kindern klar, wie wichtig es ist, jemanden ansprechen zu können. Aber das fällt vielen Kindern gar nicht leicht, sie sind viel zu schüchtern, haben es von ihren Eltern nicht gelernt, bringen es einfach nicht fertig, von sich aus die Initiative zu ergreifen, auf jemanden zuzugehen und ihn anzusprechen.
Na, dann zeigen Sie es doch den Kindern und üben Sie miteinander dieses Verhalten. Ein Beitrag dazu sind die Spiele auf dieser Seite.

He, du da!

Wie sprechen sich die Leute auf der Straße an? Wie begrüßen oder rufen sie sich? Die Kinder sammeln alle Anreden, die sie kennen:
Hallo! He da! Hey! Sie da drüben! Guten Tag! Moin, moin! Grüß Gott! Servus!

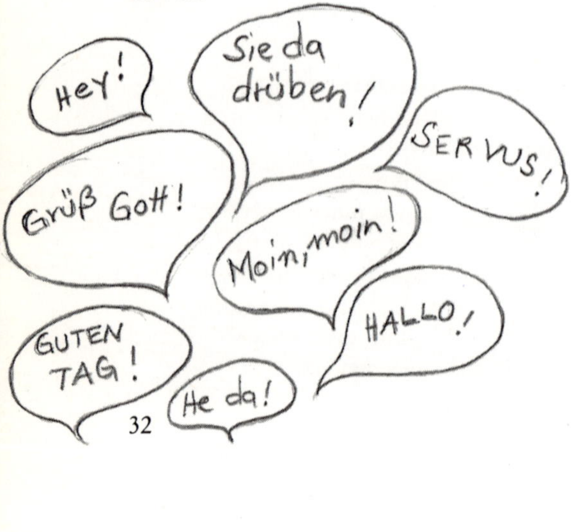

Auf jemanden zugehen

Wer kann ohne Hemmungen auf einen anderen zugehen? Wer hier keine Probleme hat, prima! Doch all diejenigen, die sich lieber in ein Mauseloch verkriechen würden, als jemanden anzusprechen, für diese Mäuslein ist die nächste Übung gedacht.
Immer zwei Kinder begegnen sich, begrüßen einander, und jeder fragt den anderen etwas. Was? Das muß er sich selber ausdenken. Und der andere muß antworten.
Das Schwierigste dabei ist, daß alle anderen Kinder zuschauen und zuhören und nachher auch noch kommentieren und urteilen, ob das eine gute Begrüßung war. Aber halten Sie sich dabei heraus! Sie werden staunen, wie sensibel die Kinder hier urteilen und auch Ratschläge geben können.
Und wenn eine Begenung voll danebenging, dann gleich noch einmal ausprobieren, ohne viel Aufhebens. Aus Fehlern kann man lernen, und es soll nun mal gelernt werden, wie man andere Menschen anspricht.

Kleine Gespräche

Jetzt geht es darum, dem anderen etwas mitzuteilen. Etwas, was der nicht weiß, aber wissen sollte!
Für solche Szenen sind kleine Rollenspiele bestens geeignet. Daß es Spaß macht, werden die Kinder gleich selber erleben. Und daß so nebenbei ein wichtiges Verhalten gelernt wird, das können Sie den Kindern ein andermal erklären. Jetzt heißt es erst einmal: Wer spielt mit!?

Beschreiben Sie den Kindern eine kurze, möglichst witzige Szene. Es können auch Beispiele sein, die die Kinder selber auf der Straße beobachtet haben, siehe Seiten 24/25.

Platz da!
Einer sitzt auf einer Bank, liest Zeitung, legt sie weg. Ein anderer kommt, setzt sich dazu und direkt auf die beiseite gelegte Zeitung. Der erste möchte weiterlesen. Was sagt er?

Nichts verstanden!
Einer steht da und ißt ein dickes Wurstbrot. Der andere kommt und fragt nach dem Weg. Der erste antwortet kauend, aber der zweite versteht kein Wort.

Sehr eilig!
Die Telefonzelle ist besetzt, einer steht davor und wartet. Ein zweiter kommt angerannt, er hat es sehr eilig, kann nicht warten. Warum wohl? Wie fragt er, ob er sich vordrängen darf? Was wird der andere antworten?

Keine Zeit!
Zwei Freunde treffen sich, haben sich lange nicht gesehen. Der eine möchte viel erzählen, der andere hat keine Zeit, möchte den Freund nicht enttäuschen, schaut auf seine Uhr. Vielleicht drei Minuten hat er Zeit. Wie erklärt er dies dem anderen? Ob der ihm glaubt?

Freundlich oder aufdringlich?

Der große Unterschied

Wer anderen gegenüber freundlich ist, der hat es leichter im Leben! Das ist eine alte Weisheit. Freundlichkeit darf jedoch nicht verwechselt werden mit übertriebener Höflichkeit oder unterwürfiger Katzbuckelei, mit distanzloser Aufdringlichkeit oder unangenehmer Belästigung.
Ja, recht kompliziert ist dieses kommunikative Verhalten der Menschen untereinander. Ob das die Kinder verstehen? Oder ob sie dann ihre herzerfrischende Offenheit und Spontaneität gegenüber den anderen verlieren? Das wäre schade. Deshalb sollten die Kinder mehr über diese Verhaltensweisen erfahren, um Verhaltenssicherheit zu bekommen.

Seinen eigenen Stil finden

Zeigen und erklären Sie den Kindern unterschiedliche Verhaltensweisen. In improvisierten Rollenspielen geht das am besten, da können die Kinder ausprobieren, lustige und komische Szenen spielen und herausfinden, was ihnen am meisten liegt und auch, wie sie selber sein wollen. Dazu folgende Spielvorschläge:

Der König sucht einen Diener

Die Märchenwelt gibt den Rahmen für dieses Spiel mit typisch menschlichen Verhaltensweisen. Die Szenen können total übersteigert dargestellt werden, dann gibt es viel zu lachen. Wenn Sie dazu Verkleidungssachen aus der Theaterkiste hervorholen, gelingt das Spiel noch besser.
Das Thema: Der König ruft seinen Diener, verschiedene Typen treten auf:

Übertrieben höflich
Ein Diener nähert sich mit vielen Verbeugungen dem König, bleibt gebückt vor ihm stehen und fragt nach dessen Befehlen.

Selbstbewußt
Ein Diener geht mit festem Schritt auf den König zu, bleibt aufrecht vor ihm stehen, schaut ihn aufmerksam an und fragt mit sicherer Stimme nach den Wünschen.

Aufdringlich
Ein Diener kommt lässig angeschlurft, legt seinen Arm um den König, setzt sich ihm auf den Schoß und fragt nach seinem Anliegen.

Schüchtern
Ein Diener tippelt mit kleinen Schritten herbei, die Fußspitzen nach innen, schaut auf den Boden, versteckt seine Hände hinter dem Rücken und fragt scheu, was der König von ihm wolle.

Ängstlich
Ein Diener wagt kaum, sich dem König zu nähern, zieht mit jedem Schritt seine Schultern weiter hoch, bleibt in großem Abstand vor dem König stehen, schaut ihn von der Seite an und flüstert leise ein „Ja, bitte?"

Meinungsaustausch

Welcher Diener ist wohl der beste? Lassen Sie die Kinder darüber diskutieren.

Spielvarianten

Eine Szene wird gleich mehrmals wiederholt, immer mit anderen Spielern, denn jeder wird die Rolle ein bißchen anders ausführen.
Auch der König kann unterschiedliche Verhaltensweisen zeigen, mal hochnäsig, mal freundlich, mal barsch, mal ängstlich usw. sein.
Sehr komisch und lustig werden die Spielszenen, wenn Diener und König sich gleich verhalten, zum Beispiel beide ängstlich, gehemmt, verlegen oder hochmütig sind.
Wenn die Kinder gelernt haben, die Verhaltensweisen zu unterscheiden, dann können sie für diese Spiele selber die Regieanweisung übernehmen.

Gespräche

Nach jeder Spielszene ist eine kleine Gesprächsrunde angesagt, und Sie stellen Fragen, die zur Bewußtmachung und Vertiefung führen. Denn neben dem Spielspaß sollten die Kinder auch verstehen lernen, was hinter den Verhaltensweisen steckt, wie sie wirken, wie man sich dabei fühlt, wann es unangenehm wird oder man sich insgeheim ärgert.

Sei artig
und benimm dich!

Verlassen wir die Märchenwelt (siehe vorhergehende Seite) und testen die Realität. Was heißt denn nun freundlich zu anderen sein? Was konkret ist Höflichkeit? Es ist sinnvoll, mit den Kindern darüber zu sprechen, denn wie oft hören sie: „Sei brav! Sei artig! Benimm dich!“

Aber was tut man, wenn man artig ist und sich benimmt? Viele Kinder wissen es wirklich nicht! Damit gutes Benehmen nicht mit Duckmäusertum und Krummbuckelei verwechselt wird, sollten Sie mit den Kindern darüber reden.

„Knigge“ läßt grüßen

Ja, „Knigge“ ist wieder gefragt und stößt auf reges Interesse bei den Erwachsenen. Es müssen ja nicht gleich die verstaubten Regeln von vor 200 Jahren sein. Aber auch heute gelten Spielregeln, die das Miteinander-Auskommen erleichtern. Diese zu kennen, ermöglicht den Kindern die Wahl, ob sie sich daran orientieren wollen oder nicht. Klar, immer artig sein macht auch keinen Spaß!

Also, wen es interessiert, der kann in die Sitzecke kommen. Dort wartet schon der kleine Schlampamp, die Strumpfsocken-Handpuppe, die immer so viel fragt und so viel durcheinanderbringt.

Schlampamp weiß es nicht

Ja, Schlampamp hat viele Fragen, und die Kinder antworten ihm – und lernen dabei, so ganz nebenher, die Spielregeln des „Guten Benehmens“. Hier ein paar Beispiele, was Schlampamp sagen und die Kinder fragen könnte:

Gutes Benehmen

„He, Kinder, was heißt gutes Benehmen? Was heißt gut sein? Muß ich dann alles tun, was der andere will? Ist das recht so?“

Vorbeigehen wollen

„Wenn ich an einer anderen Person vorbeikommen möchte, die mir da im Weg steht, dann schreie ich laut: ‚He, weg da, mach dich nicht so dick, ich möchte vorbei!‘ Ist das gut so?“

Um Auskunft bitten

„Also, dann stoße ich dem in die Rippen und sage: ‚Hey Mann, du mußt mir sofort meine Frage beantworten.‘ Ist das brav so?“

Anrempeln

„Da kann ich ja nichts dafür, warum steht der andere mir im Wege? Dann brülle ich den an und sage: ‚Selber schuld! Aus dem Weg, du Schlafmütze!‘ Ist das höflich so?“

Den anderen nicht verstehen
„Dann schreie ich den anderen an: ‚He, etwas lauter, so ein Genuschel versteht ja keiner, putz dir die Zähne, dann rede wieder mit mir.' Ist das artig so?"

Um etwas bitten
„‚He du da, gib mir das her, aber dalli und hopp!' Ist das freundlich so?"

Beim Tragen helfen
„‚Mann, du bist ja schlaff wie ein nasser Lappen. Dann gib schon her!' Ist das lieb so?"

Hilfsbereit die Türe aufhalten
„‚Nun mach schon, oder soll ich hier einschlafen und Plattfüße bekommen?' Kinder, ist das wohlerzogen so?"

Die Hand vor Mund und Nase halten
„‚Achtung, ich muß niesen, komm schnell her, damit du den Wind aus meiner Nase spürst!' Ist das anständig so?"

Den Platz anbieten
„‚He, du Tattertante, dann setz dich halt auf meinen Platz!' Ist das normal so?"

Auch bei Konfliktsituationen kann Schlampamp noch einiges lernen. Er meint nämlich, dies wären die richtigen Kommentare:

Wenn sich jemand vordrängelt
„‚So eine blöde Ziege habe ich noch nie erlebt. In einen Affenstall gehörst du!' Ist das recht so?"

Wenn man den Sitzplatz im Bus selber braucht
„‚Nee, da kannste lange warten, ich bin auch müde und falle tot um, sobald ich aufstehe!' Ist das höflich so?"
Genug der Schlampamp-Worte! Die Kinder haben längst bewiesen, daß sie ein gutes Gespür dafür haben, was freundlich ist und was nicht. Das kann zum Schluß der Vorstellung der kleine Schlampamp voller Anerkennung sagen!

Lauter artige Kinder

Wie wäre es, wenn alle Kinder in der Gruppe nun auch ein kleines Weilchen freundlich und höflich zueinander sind? Solange es ein Spiel für die Kinder bleibt, kann diese Übung wirklich Spaß machen – und Kichern ist erlaubt! Also, auf die Plätze, fertig, los! Die Uhr läuft! Vielleicht eine Stunde?
Was gibt es da zu tun? Zum Beispiel dies: Dem anderen die Türe aufhalten, ihm den Vortritt lassen, nicht drängeln, hilfsbereit sein, beim Niesen und Gähnen und Husten die Hand vor den Mund halten, und immer auch Bitte und Danke und Entschuldigung sagen! Schimpfwörter sind natürlich auch nicht zugelassen!

Danach ist Erfahrungsaustausch:
- War es sehr anstrengend?
- Was war schön, und was war blöd?
- Welche Spielregeln sollten wir zukünftig beibehalten?

Große Frageaktion

Jetzt geht die Entdeckungsreise rund um den Kindergarten weiter. Vielleicht haben die Kinder Lust, einfach mal die Passanten vor dem Kindergartengelände oder der Schule anzusprechen?
Erfahrungen in der Gespächsführung haben die Kinder längst mit den Nachbarn gemacht (siehe Seite 16). So kann nichts mehr schiefgehen.
Hier ein paar Tips, wie Sie dieses Projekt mit den Kindern vorbereiten können.

Ankündigung der Aktion

Ein Plakat am Eingang des Kindergartens kündigt das geplante Projekt an. Wer es liest, ist auf den Ansturm der Kinder vorbereitet und wundert sich auch nicht mehr über die neugierige Kinderschar mit ihren vielen Fragen.
Alle Namen der Kinder stehen auch auf dem Plakat. Bunte Kinderzeichnungen geben dem Ganzen einen auffallenden Rahmen.
Das Plakat wird mit durchsichtiger Folie überklebt, damit es auch Regenwetter übersteht, auf ein Holzbrett aufgezogen und am Gartenzaun angebracht. Stoffbänder, Wimpel, Windrädchen und andere Windspiele sorgen dafür, daß das Plakat die Aufmerksamkeit der Passanten auf sich zieht.

Lieber Fußgänger,

wir wollen in den nächsten Tagen eine Frageaktion durchführen. Alles interessiert uns: Was Sie machen, woher Sie kommen, wohin Sie gehen, ob Sie den Kindergarten und uns Kinder kennen, wohin Sie am liebsten reisen, ob Sie ein Haustier haben, was Sie nächsten Sonntag machen wollen …

Warum das alles? Wir wollen viele Menschen kennenlernen! Und da interessieren uns vor allem die Leute, die an unserem Kindergarten vorbeigehen.

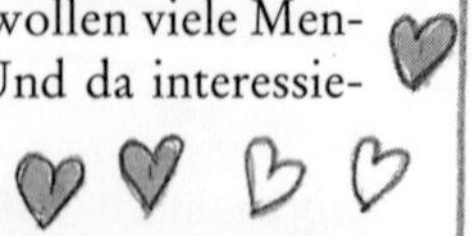

Haben Sie Zeit für ein kleines Gespräch mit uns? Das wäre schön! Doch wenn Sie es eilig haben und keine Zeit, dann sagen Sie es uns bitte, wir werden Sie nicht aufhalten und sind darüber auch nicht enttäuscht!

Machen Sie mit? Darauf freuen wir uns und sind auf die Begegnung mit Ihnen sehr gespannt.

Die Kinder vom
Kindergarten Regenbogen

Gisela Tina Hannah
Susanne DANIEL
Jan-Hannes JONI Konstantin

Weitere Vorbereitungen

Aufgeregt werden die Kinder beobachten, ob die Leute draußen auf der Straße stehenbleiben und das Plakat lesen! Kann man noch etwas vorbereiten und besprechen? Ja, zum Beispiel dies:

Was fragen?
Die Kinder sitzen im Kreis und überlegen sich Fragen, die sie an die Leute stellen wollen (vergleiche auch Spiel Seite 16). Es geht reihum, jeder sagt etwas. Je mehr Fragenthemen angesprochen werden, desto besser. Also, gleich noch eine Frage-Runde anschließen – und noch eine.

Wie fragen?
Ja, wie soll man die Leute ansprechen? Vielleicht kann der Schlampamp (siehe Seite 36) mit seinen Dummheiten den Kindern auf die Spur helfen?
Er schlägt folgendes vor: „Wenn eine vornehme Dame vorbeitrippelt, dann sage ich: ‚He, du da, nu mal langsam! Ich will was wissen!' Ist das gut so?"
„Nein!" werden die Kinder brüllen und ganz bestimmt viel bessere Vorschläge machen. Und die werden auch gleich in kleinen Rollenspielen ausprobiert.

Kennzeichen

Die Kinder, die die Frageaktion durchführen, tragen besondere Schildmützen oder T-Shirts oder Luftballons oder Transparente, knallbunt und mit dem Namen des Kindergartens drauf. So sind sie nicht zu übersehen, und die Passanten wissen, woran sie sind.

Gruppengröße

Auch das muß gut überlegt sein. Ziehen alle Kinder auf einmal los, oder immer zwei zusammen oder abwechselnd kleine Grüppchen? Das kommt ganz auf die Umgebung des Gebäudes an. Aber sprechen Sie es mit den Kindern ab.

Menschen auf der Straße

Ein Projekt für die älteren Kinder

Auf der Straße ist was los! Aber nicht immer – und immer ein bißchen anders: morgens, mittags, nachmittags!

Da gehen die Menschen morgens zur Arbeit, einige Zeit später sind Leute mit Einkaufstaschen unterwegs, dann kommen die Spaziergänger usw., bis schließlich am späten Nachmittag die ersten wieder von der Arbeit nach Hause gehen.

Den ganzen Tag lang

Es sollte gut organisiert sein, wenn die Kinder einen lieben langen Tag die Straße, die Autos und die Leute beobachten wollen. Lassen Sie die Kinder selber ihr Vorhaben managen. Mit Ihren Fragen können Sie ein wenig helfen:

- Sollen immer alle Kinder am Fenster stehen und Ausschau halten?
- Wie viele Kinder sollen gleichzeitig gucken?
- Wie lange hält es ein Kind als Beobachter aus?
- Wer schaut auf die Uhr und kündet den Platzwechsel am Fenster an?
- Wollen wir einen Küchenwecker stellen?
- Wie oft kommt jemand an die Reihe?
- Wie merken wir uns all das, was die Beobachter sehen und herausfinden?
- Machen wir davon Listen oder Zeichnungen?
  Viele Striche könnten viele Menschen, viele Punkte viele Autos sein.

Beobachtungen

Die Kinder werden selber feststellen, daß zu bestimmten Zeiten viele Leute unterwegs sind.

- Wann kommen sie zu Fuß, mit dem Fahrrad oder dem Auto?
- Zu anderen Zeiten sind die Straßen wieder leer oder weniger bevölkert.
- Ist in der Nähe eine Fabrik oder um die Ecke eine Einkaufsstraße?
- Wandern vielleicht auch Schüler vorbei?
- Zu welchen Zeiten gehen die meisten hin, zu welchen Zeiten zurück?
- Gibt es vor dem Kindergarten eine Haltestelle für den Bus oder die Straßenbahn?
- Zu welchen Zeiten kommen die Leute zur Haltestelle, wie lange warten sie, wieviele sind es?
- Und wann streunen die meisten Hunde vorbei?

Die Uhrzeit

Jetzt sollte man die Uhr kennen, da sind sich die Kinder einig! Dann könnte man bei den Beobachtungen die genaue Zeit angeben.
Wenn das kein Grund ist, die Uhr und die Ziffern auf dem Uhrenblatt zu lernen!

Genaue Daten

Man könnte zum Beispiel ein Ziffernblatt ohne Zeiger aufzeichnen, kopieren und als Beobachterblatt an die Kinder verteilen. Jedes malt dann seine Uhrzeit ein und was es alles draußen auf der Straße beobachten konnte. So dokumentiert es seine Beobachtungen. Am Schluß des Tages werden alle Bögen verglichen, und die Kinder erklären den anderen ihre Zeichnungen, also, was sie gesehen haben.

Buntes Treiben

Treffpunkte

Jetzt, wo die Kinder im konzentrierten Beobachten und genauen Schauen geschult sind, ist das ein spannendes Erlebnis: Auf einem großen Platz schauen sie das bunte Treiben der unterschiedlichsten Menschen und Menschentypen an. Wählen Sie einen Platz aus, wo alt und jung sich treffen. Das kann der Marktplatz sein oder der Stadtpark, ein Platz in der Fußgängerzone, der freie Platz rund um ein Denkmal, der Vorplatz eines Busbahnhofes oder der Innenhof des Einkaufszentrums.

Planung

Vorab gilt es, verschiedene Dinge mit Kolleginnen und Eltern abzusprechen und zum Beispiel diese Fragen zu klären:

- Wollen Sie jeweils nur mit einer kleinen Kindergruppe losziehen oder mit der ganzen Kinderschar?
- Wollen Sie die Kinder in kleine Gruppen aufteilen, die sich an verschiedenen Stellen des Platzes aufhalten, oder gibt es eine Ecke, die für die ganze Gruppe als Aufenthaltsort ideal ist?
- Welche Kolleginnen oder Eltern könnten als Begleitpersonen mitgehen?
- Können Sie mit den Kindern zum Treffpunkt wandern, oder wäre eine Busfahrt besser?

Unterschiedliche Gruppen

Auf dem großen Platz angekommen, werden die Kinder zuerst Zeit brauchen, bis sie bei dem bunten Menschen-Durcheinander durchblicken. Dann aber werden sie eine interessante Entdeckung machen: Die Menschen, die jeweils beieinander stehen und miteinander reden, sind irgendwie gleich! Lassen Sie die Kinder mit ihren Worten beschreiben, was sie sehen.
Hier eine typische Szene:
Da hocken Schülergruppen am Brunnen, ihre Schultaschen liegen vor ihnen auf dem Boden verstreut. In einer Ecke klönen Jugendliche, ihre Räder und Mopeds stehen kreuz und quer, so daß kein Durchkommen mehr ist. Vor dem Supermarkt unterhalten sich Hausfrauen, die gefüllten Einkaufskörbe auf dem Gehweg abgestellt. Am Kiosk trinken Arbeiter eine Limo, oder ist es ein Bier? Ihre Kleidung verrät den Beruf. Und gegenüber, auf der anderen Seite des Platzes, vor dem kleinen Gemüseladen, stehen Ausländer, heftig diskutierend und gestikulierend.

Was ist ein Ausländer?

Ausländer – das Stichwort ist gefallen! Längst haben die Kinder aus Gesprächen von Erwachsenen die Begriffe wie Gastarbeiter, Ausländer, Fremde und Einheimische aufgeschnappt. Aber wer ist nun wer?
Auch empfinden die Kindern, daß diese Begriffe bei den Erwachsenen mit Gefühlen besetzt sind, negativen, unsicheren, ängstlichen. Versuchen Sie, den Kindern mit einfachen Erklärungen die Unterschiede zu erläutern:

- Die Einheimischen sind Leute, die an dem Ort, wo sie leben, auch geboren und aufgewachsen sind.
- Die Fremden sind Menschen, die wir noch nicht kennen. Wenn wir in eine andere Stadt reisen, dann sind wir selber dort die Fremden.
- Ausländer sind Menschen aus einem anderen Land. Wenn wir im Urlaub in ein anderes Land reisen, dann sind wir selber dort die Ausländer.
- Gastarbeiter sind Ausländer, die in unserem Land arbeiten.

Wenn die Kinder noch mehr fragen, wissen und erfahren möchten, ist das die Chance, ausführlich über die Ausländer zu berichten, über deren Heimat, die dort typische Landschaft, die Bräuche, Feste und Religionen, die besonderen Speisen, die Kultur, Musik, Lieder und Tänze, Märchen und Kinderspiele. Es gibt gute Sachbücher und umfangreiches, didaktisch aufgearbeitetes Material zu diesem Thema. Das wird dann Ihre Lektüre sein.

Randgruppen

Es gibt noch andere Gruppen, die den Kindern auffallen könnten, zum Beispiel die Obdachlosen. Voller Mitleid sehen die Kinder vielleicht, wie diese Menschen an einer Hauswand lehnen oder auf dem Boden sitzen und betteln. Und mit Entsetzen werden sie beobachten, wie viele Erwachsene einfach vorbeigehen, nur wenige ein Mitgefühl zeigen und etwas spenden. Was werden Sie tun? Erfahrungsgemäß wollen die Obdachlosen nicht mit Kindern reden. Aber Sie könnten mit den Kindern ein andermal zu einer Betreuungsstelle der Obdachlosen gehen und dort einen Helfer um ein Gespräch bitten.
Lümmelt vielleicht auch eine Jugendbande auf dem Platz herum? Sind Sie auf diese Begegnung vorbereitet? Hier eine interessante Erfahrung: In Gesprächen mit einzelnen entpuppen sich die Mitglieder einer Bande meistens als freundliche Jungs, die bereit sind, sich mit den Kleinen auch mal zu unterhalten. Und Sie werden sehen, nach so einem Gespräch winken und grüßen die Kinder die großen Kerls – und die grinsen und winken mit lässiger Hand zurück. Die Angst der Kinder ist verflogen, die Angriffslust der Bande gegenüber den Kindern auch. Ein Helfer für diese Kontakte ist der Streetworker, er kennt die Straßenszene.

Die wilden Kerle

Wenn Frau Pinkert mit den Kindern
morgens durch den Park spaziert,
seh'n sie immer vor dem Denkmal
ein paar Jungen, tätowiert.

Das sind ziemlich wilde Kerle,
einer hat in seinen Ohr'n
lauter große Nadeln stecken,
zwei sind völlig kahl geschor'n.

„Jack der Dicke“ trägt ein Messer,
prahlt herum, mit viel Geschrei.
Und die Kinder laufen ängstlich
an den wilden Kerl'n vorbei.

Einmal ruft Frau Pinkert: „Kinder,
unsre Minka, schaut doch nur,
hat sich auf dem Baum verwickelt
in der alten Drachenschnur.“

Und die Kindern seh'n wie Minka
oben zappelt, ängstlich schreit.
„Aussichtslos“, sagt leis Frau Pinkert,
„daß sie dort jemand befreit!“

Klettern sieben wilde Kerle
plötzlich über'n Gartenzaun,
die geschickt, in paar Sekunden
eine Räuberleiter bau'n.

Ganz weit oben, sehr gefährlich,
ungesichert, vogelfrei,
schneidet einer mit dem Messer
schnell die Drachenschnur entzwei.

Knirschend schwankt die ganze Krone,
„Jack der Dicke“ oben drin,
und ganz langsam, sehr, sehr langsam,
langt er nach dem Kätzchen hin.

Birgt es in der Lederjacke,
rutscht und klettert abwärts schon.
Alle wilden Kerle johlen,
und die Katze läuft davon.

Geht Frau Pinkert mit den Kindern
vormittags ein kleines Stück,
winken von dem Denkmal sieben
richtig nette Jungs zurück.

2. Kapitel

Wo und wie und was die Menschen arbeiten

Was machen die anderen?

Einem Handwerker über die Schulter, genauer gesagt, auf die Hände zu schauen, das ist für Kinder sehr spannend. Doch nicht nur das handwerkliche Geschick, die Werkzeuge und Maschinen sind es, die die Kinder interessieren, sie hätten gerne noch mehr gewußt:

Typische Kinderfragen

- Ob er seine Arbeit gerne macht?
- Ob er manchmal auch beim Arbeiten träumt?
- Ob er auch Kinder hat?
- Ob er bei der Arbeit an seine Kinder denkt?
- Wie lange er ohne Pause arbeiten kann?
- Was sein liebstes Pausenbrot ist?
- Warum seine Haare so aussehen?

Diese Fragen mögen den Erwachsenen lustig vorkommen, aber den Kindern ist es ernst dabei! Sie wüßten schon gerne, was der andere so denkt, wenn er arbeitet. Das kann man ja schließlich weder hören noch sehen, also muß man danach fragen.

Lernziel

In diesem Kapitel geht es also nicht nur um sachliche Informationen, sondern auch um Gedanken, Gefühle und besondere Verhaltensweisen. Bei den Begegnungen mit Menschen an ihren Arbeitsstätten erwerben die Kinder viele Sachkenntnisse, aber auch kommunikative Techniken, wie zum Beispiel andere Personen ansprechen, ihnen Fragen stellen, mit ihnen ins Gespräch kommen.

Jedes Thema in diesem Kapitel wird wie ein Einzelprojekt vorgestellt. Wenn die Kinder mehr wissen und erfahren wollen, können auch Großprojekte daraus entstehen, die über Tage und Wochen dauern.
Wer situationsorientiert im Kindergarten arbeitet, der wird die Themen entsprechend dem Interesse der Kinder und mit den Kindern auswählen.

Die Arbeitswelt

Wo sehen die Kinder andere Menschen bei der Arbeit? Na klar, zum Beispiel hier im Kindergarten! Es sind die Erzieherinnen, die Leiterin, der Hausmeister, die Putzfrau, vielleicht auch die Köchin. Alle diese Personen kennen die Kinder! Oder nicht? Dann sollte das schnellstens nachgeholt werden!
Wissen die Kinder auch, was und wo ihre Eltern arbeiten? Viele Kinder werden jetzt verlegen den Kopf schütteln. Nein, das wissen sie nicht! (Mehr zu diesem Thema siehe Band 3: „Ich und meine Familie“, 2. Kapitel). Nur wenige Kinder kennen die Arbeit ihrer Eltern. Grund genug, mit dem Projekt „Arbeitswelt“ gleich zu beginnen.

Arbeitsstätten

Die Kinder zählen auf, welche Arbeitsstätten sie bereits kennen oder schon einmal besucht haben, zum Beispiel:

Collage

Die Kinder blättern in Zeitschriften und Prospekten nach Bildern, auf denen Gebäude und Innenräume von Arbeitsstätten abgebildet sind, zum Beispiel eine Fabrik, ein Ladengeschäft, ein Büro, eine Werkstatt. Diese Bilder schneiden sie aus und kleben sie zu einer großen Collage zusammen. Das ist die Arbeitswelt!

Ganz in der Nähe?

Sind Werkstätten, Büros oder Geschäfte in der Nähe des Kindergartens oder der Schule? Vielleicht hören die Kinder das Schleifen einer Schlosserwerkstatt oder sehen den hohen Schornstein der Fabrik oder den Lieferwagen des Geschäftes? Wieder ist es der Blick nach draußen, der das Interesse der Kinder lenkt: Die Kinder tragen ihre Beobachtungen zusammen und entscheiden selbst, welcher Spur sie nachgehen wollen.

Vorbesprechung

Wie wollen die Kinder ihren Besuch anmelden (siehe Seite 14)? Kennen sie jemanden persönlich? Wie groß soll die Kindergruppe sein, die loszieht (siehe Seite 15)? Was wollen die Kinder wissen und fragen (siehe Seite 16)? Gibt es Sachbilderbücher, die die Kinder vorher betrachten können?

Wer will fleißige Handwerker seh'n?

... der muß einfach zu uns geh'n!

Das alte Kinderlied zeigt, wie einfach es früher war, zu einem Handwerker zu gehen. Heute hat sich die Arbeitswelt geändert. Viele arbeiten in Großbetrieben, wo der Zutritt für Kinder verboten ist. Und mehr noch als handwerkliches Geschick ist der Umgang mit Maschinen und Technik gefragt, also viel zu gefährlich für Kinderbesuche.
Wir aber suchen einen Handwerker, der in seiner eigenen Werkstatt arbeitet, also einen Schreiner, Tischler, Schlosser, Glaser, Schuster oder Schneider. Gibt es in der Nähe des Kindergartens oder der Schule so eine Werkstatt? Das wäre toll! Sicher kennen die Kinder diese Werkstatt längst, haben ihre Nasen an den Fensterscheiben plattgedrückt, kennen die Geräusche der Maschinen, die Gerüche des Materials, haben dem Handwerker zugewunken.
Also, das Suchen nach einer Handwerker-Werkstatt lohnt sich, denn was die Kinder dort erleben, ist für sie ein unvergeßliches Ereignis!

Beim Schneider um die Ecke

Ein Beispiel eines Handwerkerbesuches:

„Dürfen wir reinkommen?"
Mit dieser Frage betritt eine kleine Kindergruppe die Schneiderwerkstatt. Der Schneider ist auf den Besuch vorbereitet, legt Stoff und Schere beiseite und begrüßt die Kinder einzeln mit Handschlag. Seine Hand ist groß und kräftig, das spüren die Kinder beim Händedruck und sind davon sehr beeindruckt. „Was du für starke Hände hast!" sagt Miriam. Der Schneider grinst und antwortet, daß er eben in seinem Leben schon viel gearbeitet hat, da bekommt man kräftige Hände und kann gut zupacken. Um das zu demonstrieren, packt er einen großen, dicken Stoffballen und hält ihn hoch, als wäre er ein Bündel Taschentücher. Die Kinder testen auch gleich ihre Kraft – und können den Stoff gerade mal über den Tisch schieben.
Man hört an der Sprache, daß der Schneider aus Griechenland stammt. Die Kinder fragen danach, und Dimitrios, so heißt der Schneider mit Vornamen, erzählt, daß er aus Saloniki stammt und dort das Schneiderhandwerk von seinem Vater gelernt hat.
Sophia und Helena bekommen glänzende Augen. Ihre Eltern sind auch aus Griechenland. Wie sind sie jetzt stolz darauf! „Kalimera!" rufen sie, und Dimitrios lacht. Er mag Kinder sehr, seine zwei Jungen gehen bereits in die Schule.

„Was hast du da alles?“
Neugierig schauen die Kinder sich um. Da sind Berge von Stoffen, Bündel von Reißverschlüssen, Scheren in allen Größen, Regale voll Stoffe, Ständer mit Kleidern, an denen Heftfäden herabhängen, eine Figur aus Draht, die wie ein Mensch aussieht, aber weder Kopf noch Füße hat. Und die Schachteln mit den vielen Knöpfen, den vielen bunten Nähgarnen, den dicken Nährollen! Die Kinder sind begeistert, und Dimitrios schenkt jedem Kind eine großen, bunten Knopf. Den stecken sie wie einen Schatz in ihre Hosentasche.
Dem Florian fällt der Knopf gleich wieder unten heraus. „He, du hast ja ein Loch in deiner Hosentasche!“ ruft Dimitrios, „komm her, das nähe ich dir wieder zu!“ Florian wird rot und versteckt sich schnell hinter der Erzieherin. Alle lachen, Florian aber ist froh, daß er in Ruhe gelassen wird.

„Was sind das für Maschinen?“
Drei Nähmaschinen stehen hier in der Schneiderwerkstatt. Dimitrios erklärt, daß eine Nähmaschine ganz neu ist und sehr teuer war, damit näht er Vorhänge, Kostüme und Anzüge. Die alte Nähmaschine ist praktischer zum Kleiderausbessern und um Flicken auf Kinderhosen aufzunähen. Und mit der dritten Maschine näht er Leder.

„Und was machst du so?“
Jetzt erinnern sich die Kinder an ihre Fragen, die sie sich gestern ausgedacht hatten, als sie über den bevorstehenden Besuch sprachen. Sie wollen wissen, für wen er Kleider schneidert, ob er auch Puppenkleider näht, wieviel Tage er an einem Anzug näht, ob er immer so lustig gelaunt ist, ob er sich auch mal geärgert hat, ob er beim Nähen auf dem Tisch sitzt wie das tapfere Schneiderlein im Märchenbuch.
Weil Dimitrios das Märchen nicht kennt, wollen die Kinder ihm das Buch nächstes Mal mitbringen.

Dimitrios zeigt den Kindern auch ein paar Handfertigkeiten. Das hat die Erzieherin tags zuvor mit ihm so abgesprochen. Die Kinder schauen und hören so aufmerksam zu, wie sie es sonst nie machen. Kein Kind zappelt, keines zwickt seinen Nachbarn, weil der so dicht herandrängt, niemand schubst und zetert. Und Dimitrios demonstriert, wie er die Schere hält, wie er mit der Schneiderkreide Striche malt, wie er eine Naht vorbereitet, wie er die Stecknadeln in den Stoff steckt und dann mit der Nähmaschine einfach darübernäht.

Die 45 Minuten sind schnell vorbei. Diese Zeit war ausgemacht. Und als Dankeschön singen die Kinder ihrem neuen Freund Dimitrios das Lied: „Wer will fleißige Handwerker seh’n …“
Klar, daß sie wiederkommen dürfen!

Fortsetzung

Tips zur Planung und Organisation

Zwei Alternativen
Alle Kinder besuchen denselben Handwerker. Jeden Tag oder einmal pro Woche zieht eine kleine Kindergruppe los. Vielleicht führen ein andermal Kollegen oder Azubis die Gespräche mit den Kindern.
Oder Sie planen den Besuch von mehreren unterschiedlichen Werkstätten, und die Kinder entscheiden und wählen, wo sie dabei sein wollen. Und danach werden die Kinder gegenseitig ihre Erlebnisse austauschen.

Wie es im Kindergarten weitergeht

Die Kinder wollen gleich den anderen aus ihrer Gruppe erzählen, was sie alles erlebt und gesehen haben. Weil alle durcheinanderreden, muß ein Erzählspiel herhalten: Ein Stoffball ist es, der seine Runde dreht (siehe Seite 16) und Ruhe und Ordnung in die aufgeregte Kinderschar bringt. Jetzt weiß jeder, er wird bestimmt mit Erzählen an die Reihe kommen, und kann es abwarten.

Nach-Spiele

Im Spiel werden die neuen Erlebnisse verarbeitet:

Alle Puppenkleider werden durchgeschaut: „Muß da nicht auch etwas genäht werden?“

Alle Stoffreste werden aus der Bastelkiste herausgezerrt, sauber zusammengelegt und schön aufgestapelt; wie bei Dimitrios soll es aussehen.

Alle Knöpfe werden zusammengesucht und nach Farben und Größen in kleine Schachteln sortiert.

Modekataloge werden gewälzt und die schönsten Kinderkleidermodelle ausgeschnitten. Diese werden auf Papierbögen aufgeklebt, und daraus wird ein Modekatalog für Dimitrios gebastelt.

Ein paar Kinder wollen tatsächlich lernen, wie man mit Faden und Nadel näht. Mit Filz, dicker Nadel und Wollfäden geht es am besten. Die Kinder nähen einen kleinen Beutel für den Knopf, den ihnen Dimitrios geschenkt hat.

Dokumentation

Hoffentlich nehmen Sie bei diesen Exkursionen auch Ihren Fotoapparat mit! Dann können Sie die Begegnungen mit Bildern dokumentieren und ein Fotobilderbuch zusammenstellen:
Mit Portraitaufnahmen der Berufstätigen, mit Sachfotos von den Maschinen, Werkzeugen und den hergestellten Produkten und mit Szenenfotos von den Kindern in der Werkstatt und ihren Spielen im Kindergarten oder in der Schule.
Fügen Sie gemalte Kinderbilder dazwischen und auch Ihre Notizen über Kinderfragen, Beschreibungen der Planung und Organisation sowie kleine Artikel von lustigen Begebenheiten. Dann ist die Dokumentation perfekt.

Öffentlichkeitsarbeit

Ganz bestimmt wollen Kolleginnen, Eltern, Träger und Fachberater in dieser Dokumentation blättern und lesen. Sie können den Ordner auch einige Zeit in der Gemeindebibliothek auslegen, für interessierte Mitbürger, die normalerweise nur wenig über Ihre Arbeit mit den Kindern erfahren.
Auch den Journalisten der Tagespresse können Sie den Band in die Hand geben, denn die berichten gerne über besondere Aktionen am Ort und sind Ihnen für diesen Tip dankbar.

Geschäfte und Läden

Einkaufen mit allen Sinnen

Einkaufen gehört zu den Lieblingsaktivitäten vieler Kinder – und vieler Mütter. Oft genug waren die Kinder dabei und haben „jahrelange" Erfahrung, die schon im Babyalter begann. Die Kinder kennen die Läden, die bunte Vielfalt der Schachteln und Tüten in den Regalen, die unterschiedlichen Gerüche in den Gängen, das Knistern der Einkaufstüten, das Klingeln der Ladenkasse.

Ladengeräusche

Ein interessantes Hörspiel für die Kinder bringt diese Erinnerungen wieder ins Bewußtsein: Eine kleine Kindergruppe zieht mit dem Kassettenrecorder los, natürlich sind Sie auch dabei. Der Supermarkt um die Ecke ist das Ziel. Der Geschäftsführer weiß Bescheid.

Jetzt gehen die Kinder durch die Gänge und nehmen verschiedene Geräusche auf, zum Beispiel das Rattern des Einkaufswagens, das Klappern der Milchflaschen in den Kühlregalen, das Rasseln der Nudeln im Pappkarton, die Stimme der Verkäuferin: „Was darf es sein?" oder des Verkäufers: „Kann ich Ihnen behilflich sein?".
Zurückgekommen in die Gruppe, werden die Höreindrücke den anderen Kindern als Hör-Ratespiel vorgespielt.

Erfahrungsaustausch

Welche Geschäfte kennen die Kinder? Den Bäcker, den Metzger, den Gemüseladen, den Naturkostladen, den Supermarkt, das Blumengeschäft, den Spielzeugladen, das Schuhgeschäft, die Kinderkleiderboutique …
Gibt es auch einen Tante-Emma-Laden? Die Kinder zählen auf, was sie kennen. Das braucht ein Weilchen, bis sie alles zusammenhaben.
Die nachfolgenden Spiele werden die Ladenliste noch erweitern.

Wo gibt es was?
Einer sagt einen Gegenstand, und wer weiß oder gesehen hat, wo man diesen kaufen kann, nennt das Geschäft. Allerdings gibt es ein Brötchen beim Bäcker zu kaufen, aber auch im Supermarkt und im Naturkostladen.

Laden-Lotto

Dieses Spiel basteln die Kinder selber! Aus Zeitschriften schneiden sie viele Bilder aus, auf denen Sachen abgebildet sind, die man kaufen kann.
Dann werden die Lotto-Tafeln vorbereitet: Jede Tafel soll ein anderes Geschäft zeigen, also entweder die Bäckerei oder den Blumenladen usw. Diese Tafeln werden wie ein Schaufenster des Geschäftes gestaltet, mit passenden Bildern beklebt oder bemalt.

Die Spielregel: Ein Spieler hält ein Bild hoch und fragt: „Wo kann ich das kaufen?" Die Ladenbesitzer müssen aufpassen, überlegen und „Hier!" rufen, wenn sie diesen Gegenstand in ihrem Angebot haben wollen.

Fortsetzung

Ein Ladenbesuch

Nach diesen Spielen, siehe vorhergehende Seite, werden die Kinder bald den Wunsch äußern, ein Geschäft besuchen zu wollen. Na endlich, darauf haben Sie ja gewartet! Welcher Laden interessiert am meisten? Die Kinder stimmen ab.
Am besten ist, wenn die Kinder in kleinen Gruppen in verschiedene Geschäfte gehen und den anderen dann von ihren Erlebnissen erzählen.

Vorbereitung

Was gibt es in einem Geschäft zu beobachten, zu fragen und zu erfahren? Zum Beispiel dies:

- Wann öffnet das Geschäft?
- Wieviele Leute arbeiten hier?
- Wie ist die Arbeit verteilt?
- Dürfen die Kinder die Lagerräume sehen?
- Wo ist die Toilette?
- Wann wird die Ware geliefert?
- Dürfen die Kinder dabei sein und zuschauen, wenn der Lastwagen kommt und Paletten oder Container abgeladen werden?
- Wer packt die großen Kisten aus?
- Wer stellt die Waren in die Regale?
- Wie ist die Aufteilung im Geschäft, wo sind Gemüse, Milchprodukte, Backwaren, Süßigkeiten?
- Welche Produkte sind unten in den Regalen ausgelegt? Warum wohl?!
- Gibt es Werbeprospekte? Wer findet diese Sachen in den Regalen?

Gespräche mit den Verkäuferinnen

Und wie geht es den Leuten, die in diesem Geschäft arbeiten? Die Kinder haben ihre Fragen und all das, was sie wissen und beobachten wollen, am Tag zuvor besprochen (siehe Seite 16), zum Beispiel:

- Wie redet die Verkäuferin mit den Leuten?
- Macht sie ihre Arbeit gerne?
- Was macht sie am liebsten?
- Wohin geht sie, wenn sie Pause hat?
- Gibt es auch mal Streit?
- Hat sie Kinder? Dürfen die hier beim Verkaufen mitmachen?

Gespräche mit den Kassiererinnen

Auf das Gespräch mit einer Kassiererin sind die Kinder besonders gespannt, denn da haben sie extra Fragen, zum Beispiel dies:

- Ist es schön, mit so viel Geld umzugehen?
- Hat sie keine Angst, daß ein Gangster kommt?
- Was passiert, wenn jemand seinen Geldbeutel vergessen hat und das erst an der Kasse merkt?

Auf dem Wochenmarkt

Ein Wochenmarkt sieht wie ein großer Supermarkt aus. Doch hier ist viel mehr los! Woran liegt das?
Dieser Frage gehen die Kinder nach und vergleichen das rege Treiben und Arbeiten auf dem Wochenmarkt mit der Situation im Supermarkt (siehe vorhergehende Seite). Folgendes zum Beispiel könnten die Kinder entdecken:

Was gibt es zu sehen?
Auf dem Wochenmarkt steht hinter jedem Stand mindestens eine Person, oft zwei oder drei. Die Lebensmittel sind frisch, also nicht verpackt wie im Geschäft. Die Lebensmittel sind hübsch angeordnet, wie kleine Kunstwerke sieht das manchmal aus.

Was gibt es zu hören?
Einige Verkäufer bieten lautstark ihre Waren an. Die Leute, die den Wochenmarkt besuchen, haben mehr Zeit, denn sie bleiben oft stehen, unterhalten sich mit anderen und sind meistens gut gelaunt.

Was gibt es zu riechen?
Alles riecht intensiver. In manchen Ecken vermischen sich unterschiedliche Gerüche miteinander.

Die Händler befragen

Was wollen die Kinder von den Händlern wissen? Vielleicht gelingt es Ihnen oder den Kindern, jemanden für ein extra Gespräch zu gewinnen?
Am besten fragen die Kinder an einem Stand nach, an dem mehrere Personen arbeiten. Oder sie melden ihr Interesse für ein Kontaktgespräch an und machen konkret einen Zeitpunkt für das Treffen aus.

Die Besucher befragen

Wenn die Kinder die Besucher des Wochenmarktes ansprechen wollen, dann können sie gleich loslegen. Denn hier gibt es so viele Leute, da ist bestimmt jemand dabei, der Zeit und Lust für ein Gespräch mit den Kindern hat.

Ganz schlaue Interviewer werden herausfinden, daß vor allem die Leute, die in einer Warteschlange stehen, sich gerne in ein Gespräch verwickeln lassen und auch viel erzählen. Oft gesellen sich andere hinzu und reden mit, dann geht es lustig zu und macht allen großen Spaß!
Mit einfachsten Fragen können die Kinder so ein Gespräch in Gang bringen, zum Beispiel:

- Was wollen Sie hier einkaufen?
- Kochen Sie selber?
- Was kochen und essen Sie am liebsten?
- Warum gehen Sie auf den Wochenmarkt?
- Kennen Sie noch andere Leute hier?

Nach-Spiel

Aufgedreht und voller Ideen im Kopf kommen die Kinder von ihrem Besuch auf dem Wochenmarkt zurück und wollen gleich spielen, was sie erlebt und gesehen haben. Tische werden zu Marktständen, und Körbe, Kisten und Schachteln werden gefüllt:
Kieselsteine verwandeln sich in Kartoffeln, Gras und Löwenzahnblätter werden zu Salat, große Kastanienblätter sind Spinat, Sand wird zu Mehl und gleich in Eimern geliefert. Die kleineren Kinder nehmen bunte Holzbausteine als Obst und Gemüse. Die Größeren kramen in der Weihnachtsbastelkiste nach den vergoldeten Walnüssen und in der Osterschmuckkiste nach den bunten Plastikeiern. Macht nichts, wenn die angemalt sind, dann sind sie eben ein bißchen teurer. Die Phantasie der Kinder läuft auf Hochtouren.
Und wer kauft ein? Natürlich Sie!
Wer denn sonst, es haben doch alle Kinder einen Marktstand zu betreuen!

Eine andere Regel: Immer zwei Kinder haben einen Marktstand, und jeweils eines zieht los und kauft bei den anderen ein.

Ein Büro-Besuch

Bürospiel

Was – ein Büro soll auch etwas für die Kinder sein? Da ist doch gar nichts los und noch weniger zu sehen! Falsch gedacht! Haben Sie schon einmal beobachtet, wenn Kinder „Büro“ spielen? Da wird der kleine Tisch als Schreibtisch vollgepackt mit Papierstapel, mit Locher und Hefter und Ordnern, und viele Bleistifte und Rotstifte liegen bereit! Und bestens zu gebrauchen sind alte Stempel, alte Briefumschläge und verstaubte Aktendeckel. Ein Kindertelefon darf auch nicht fehlen, oder besser noch zwei, das macht mehr Eindruck.
Die Kinder basteln Ständer für die Schreibutensilien und Ablageregale für die Papiere.

Wie im Fernsehen

Und dann geht das Spiel los: Da wird telefoniert, Aufträge werden entgegengenommen, mit Kritzelschrift notiert und auch gleich abgestempelt, dann muß ein Brief dazu geschrieben werden, und alles wird abgeheftet …
So geht es endlos weiter, allein, zu zweit oder zu mehreren. Woher die Kinder das Büroleben kennen? Natürlich vom Fernsehen!

Wollen die Kinder einmal ein richtiges Büro anschauen und die Angestellten dort besuchen? Ob es da auch so zugeht? Das wird sich herausstellen und können die Kinder selber überprüfen.

Planung und Vorbereitung

Wieder werden die Kinder in die Planung dieses Projektes einbezogen und entscheiden bei der Vorgehensweise mit:

Umfrage
- Welches Büro ist in der Nähe?
- Arbeiten dort Kindergarten-Eltern und wir können sie besuchen?
- Wollen alle Kinder das gleiche Büro besuchen, oder gibt es mehrere Abteilungen oder auch mehrere Büros, so daß die Kinder wählen können?

Anmeldung
- Wer stellt den Kontakt her?
- Ist ein Besuch vorab sinnvoll?
- Wer geht mit?
- Welche Besuchszeiten sind günstig?

Vorbereitung
- Wie lange können die Kinder bleiben?
- Was möchten die Kinder wissen?
- Was genau arbeiten die Leute?
- Gibt es Sachbücher über diese Arbeitswelt?

Das interessiert die Kinder auch

- Wieviel Leute sitzen in einem Raum?
- Haben alle so einen großen Schreibtischsessel mit hoher Lehne, zum Drehen und Karussellfahren?
- Haben alle einen Computer? Kann man darauf auch Spiele machen?
- Wieviel Telefone stehen auf den Schreibtischen? Gibt es auch eine Sprechanlage?
- Wie groß ist der Schreibtisch? Wieviel Schubladen gibt es da?
- Wie ist der Ausblick aus dem Fenster? Gibt es Blumen?
- Hängen an den Wänden Bilder?
- Wie sieht die Deckenbeleuchtung aus?

Und zu diesen Sachfragen kommen die typischen Kinderfragen:

- Muß man lange lernen, bis man das alles kann?
- Darf man bei der Arbeit auch aus dem Fenster schauen und träumen?
- Wo kann man sich hier ausruhen oder mittags schlafen?
- Was passiert, wenn man zu spät zur Arbeit kommt?
- Muß man immer bei der Arbeit so einen schönen Anzug tragen?
- Wer ist der Boss? Ist der streng?
- Warum trägt der eine eine Brille, der andere einen Bart, der dritte einen zusammengebundenen Haarzopf?

Pausenbrote für die Mitarbeiter

Das ist eine tolle Idee: Die Kinder bereiten viele Pausenbrote vor, mit Wurst und Käse und Obst, auch Tee und Kaffee in Thermoskannen, und Limonade. Alle Kinder füllen ihre kleinen Rucksäcke damit, dann ziehen sie los.

Im Bürogebäude gehen sie in den Aufenthaltsraum und breiten dort das Picknick auf den Tischen aus. Dann werden die Mitarbeiter zur Pause eingeladen. Die kommen gerne, wußten allerdings, was sie hier erwartet. Es wurde vorab besprochen.

Und während dieser Pause können die Kinder die Büroangestellten tüchtig ausfragen. Jetzt haben die ja Zeit zum Reden.

Nachher begleitet jeweils ein kleines Kindergartengrüppchen eine Person in deren Büro und schaut zu, was sie dort macht. Aber Reden ist jetzt verboten! Abgemacht! Doch das, was die Kinder beobachten können, ist spannend genug. Nach 20 Minuten gehen Sie von Tür zu Tür und holen die Kinder wieder ab. Leise wandern alle durch die Bürogänge und dürfen erst wieder laut sein und ihrer Anspannung Luft machen, wenn sie draußen sind.

Beim Künstler

Ein Künstler-Atelier ist so interessant, daß die Kinder ohne viel Worte schauen und staunen. Was da alles herumsteht, an den Wänden hängt, an den Decken befestigt ist! Die Schränke und Regale sind voll mit besonderen Materialien und phantasievollen Dingen. Und all die Gegenstände, Stifte, Zeichengeräte und Werkzeuge! Ein bißchen wie die Bastelecke des Kindergartens oder der Werkraum der Schule sieht alles aus. Man spürt, hier fühlen die Kinder sich sehr wohl! Sie kennen dieses phantasieanregende Durcheinander!

Projektarbeit: Schritt für Schritt

Wieder ist die erste Frage: Wohnt oder arbeitet im Ort ein Künstler? Kennen die Kinder einen Künstler oder haben von einem gehört, den sie gerne kennenlernen wollen? Gibt es Eltern, die einen Künstlerberuf ausüben?

Dann heißt es ersten Kontakt miteinander aufnehmen, anfragen und absprechen, wie ein Besuch der Kinderschar im Künstleratelier aussehen könnte.

Dann bereiten die Kinder sich auf diesen Besuch vor, blättern in Kindersachbüchern, tauschen aus, was sie schon wissen und was sie wissen wollen.

Und Sie tragen in Ihr Notizbuch alle Ideen und Anregungen, alle Termine und Absprachen ein, siehe Seite 16.

Zuerst selber ausprobieren

Bei einem Vorgespräch mit dem Künstler sollten Sie sein Atelier besuchen, sich umschauen oder den Künstler selber befragen: Welche Materialien verarbeitet er? Macht er traditionelle oder moderne Kunst, gestaltet er Collagen oder Drucke oder Skulpturen? Verwendet er ein bestimmtes Material, oder experimentiert er mit Farben, Formen und verschiedenen Materialien?

Das zu wissen ist sinnvoll, denn diesmal können sich die Kinder in besonderer Weise auf das bevorstehende Treffen vorbereiten: Sie probieren selbst ihr künstlerisches Geschick aus, erfahren den Umgang mit dem Material und überlegen, was sie damit alles machen und erfinden können. Dann wissen sie genau, was sie den Künstler fragen, was sie beobachten und anschauen wollen, und können seine Arbeit „fachmännisch“ beurteilen. Dazu drei Beispiele:

Im Kinder-Atelier

Malerei
Auch die Kinder haben eine echte Leinwand. Diese ist aus einem alten Laken zurechtgeschnitten und auf alte Bilderrahmen aufgespannt. Man kann auch aus Holzlatten selber solche Rahmen zimmern. Gemalt wird mit dicken Pinseln und Plakafarbe. Die Staffeleien sind alte Stühle mit Lehnen.

Skulpturen
Es kommt ganz darauf an, welches Material auch der Künstler verarbeitet. Werden die Figuren aus Ton geformt oder Abfallhölzer zu einer Statue zusammengeleimt oder Kieselsteine zur Skulptur zusammengeklebt und bemalt, oder wird ein Ytongstein behauen, geritzt und gekratzt, oder soll aus Pappe und buntem Krimskrams ein Kunstwerk entstehen?

Fotografie
Dürfen die Kinder mit Ihrem Fotoapparat Aufnahmen machen? Jedes Kind überlegt zuerst, was es fotografieren möchte, dann sucht es das passende Motiv, und dann wird einfach geknipst. Wie spannend, wenn die entwickelten Fotos angeschaut werden. Und jetzt gibt es viele Fragen an den Künstler-Fotografen! Wie der das wohl macht?

Die Musiker und Schauspieler

Darf ich vorstellen?

Der Tubaspieler des Blasorchesters, der Schlagzeuger der Discoband, der Cellist des Streichquartetts, der Saxophonist der Lehrer-Jazzband, die Flötistin des Vereins der Hausmusik, der Organist der Kirche, die Sängerin des Kirchenchors, der Pianist, der auch Klavierunterricht gibt, der Hackbrettspieler des Volksmusikvereins, der Gitarrist des Tanzorchesters, der Dirigent des Männergesangvereins:
Das alles könnten Leute sein, die die Kinder kennenlernen wollen, weil diese in der Nähe wohnen, weil sie deren Spielen und Üben täglich auf dem Nachhauseweg hören.

Musiker und Kinder

Sollte ein Künstler nicht wissen, was er mit den Kindern reden soll, dann können Sie ihm auf die Sprünge helfen. Hier ein Beispiel für den Musiker:
Ein Musiker kann den Kindern sein Instrument vorstellen und kleine Stücke darauf spielen. Er kann erzählen, wie er übt und lernt und wie er sich auf seine Konzerte vorbereitet. Die Kinder blättern auch gerne mal in den Notenbüchern und werden erstaunt die vielen Striche und Punkte betrachten. Vielleicht dürfen die Kinder ins Musikzimmer oder Tonstudio gucken, oder der Musiker nimmt seine kleinen Fans zu einer Musikprobe mit, stellt sie den Kollegen vor, lädt sie zur Hauptprobe ein oder sogar zum richtigen Konzert.
Und wieder sind es die Fotos und diesmal auch Kassettenaufnahmen, die für die Kinder eine Erinnerung an die Begegnung mit dem Musiker sind.

Vorhang auf – die Szene beginnt!

Wohnt bei Ihnen um die Ecke eine Schauspielerin oder ein Schauspieler? Dann haben Sie aber Glück! Denn diese Künstler sind seltener in einem Ort aufzuspüren und anzutreffen. Ob dieser Künstler Zeit und Lust auf eine Begegnung mit Kindern hat und die Kinder vielleicht zu einer Probe mitnimmt? Die Kinder werden ganz stillsitzen, das haben sie beim Kassettenhören geübt. Vielleicht eine Viertelstunde? Auch der Blick hinter die Kulissen oder ein Rundgang auf der Bühne und im Zuschauerraum ist sehr spannend!
Aber mehr noch interessiert die Kinder die Person, wie sie spricht, sich in Szene setzt, plötzlich wunderbar schön laut und deutlich reden kann, ein faszinierendes Mienenspiel hat und mit ausladenden Bewegungen gestikuliert. Allein, wie der Schauspieler sich auf einen Stuhl setzt, nicht einfach drauf und fertig, sondern wie ein feiner Herr betont langsam und elegant, oder wie eine feine Dame graziös und anmutig, oder wie ein Räuber schlampig und polternd, oder wie ein Zauberer geheimnisvoll und bedrohlich … Daraus wird ein kleinen Szenenspiel. Der Applaus ist gewiß!

Große und kleine Schauspieler

Wie lernt der Schauspieler seinen Text auswendig? Gibt es da einen Trick? Und was ist, wenn er hustet oder stolpert? Jetzt können die Kinder mitreden, denn als kleine Schauspieler haben sie längst ihre eigenen Erfahrungen, vor allem beim Vergessen und Stolpern.
Und was ist mit dem Lampenfieber? Zittern ihm dann auch die Knie und die Stimme? Warum findet er das schön, auf der Bühne zu stehen und von allen Leuten angeschaut zu werden? Kann der Schauspieler auch tanzen und singen und malen und basteln und klettern und …
Alles wollen die Kinder wissen, ganz genau. Und die Schauspieler, die sich auf ein Gespräch mit den Kindern einlassen, werden bei diesem originellen Interview ihren Spaß haben. Hin und wieder wird er mit seinen Antworten und Geschichten übertreiben. Aber das macht nichts, im Gegenteil! Er ist ja schließlich Schauspieler!
Und das Künstlerfoto mit Unterschrift werden die Kinder noch lange in Ehren halten.

Menschen, die von Haus zu Haus gehen

Das ist eine andere Möglichkeit, vielleicht ungewöhnlich, aber sehr informativ, den Kindern zu zeigen, wie Menschen in ihrer Berufswelt miteinander umgehen, auskommen und zusammenarbeiten. Die nachfolgenden Seiten dieses Kapitels sind unter diesem Aspekt zusammengestellt.

In andere Häuser kommen

Wie gerne würden die naseweisen Kinder in andere Häuser und Wohnungen gehen und schauen, wie die Leute wohnen und leben und sich eingerichtet haben.
Es gibt wirklich Menschen, die müssen dies von Berufs wegen tun. Sie gehen von Haus zu Haus und kommen auch in viele Wohnungen. Doch sie haben fürs Umherschauen keine Zeit, sind meistens in großer Eile. Und wie andere Wohnungen ausschauen, das interessiert sie am allerwenigsten.
Aber das alles können die Kinder von diesen Leuten selber erfahren.

Nur bis zur Haustüre

Der Briefträger zum Beispiel zieht täglich von Haus zu Haus. Schwer beladen mit einer dicken Posttasche bemüht er sich, schnell weiterzukommen.
Vielleicht schenkt ein Briefträger den Kindern ein paar Minuten von seiner Zeit? Die Kinder könnten an der Eingangstüre auf den Briefträger warten und ihm ihren Wunsch vortragen. Mit einem Brief, von Ihnen geschrieben und allen Kindern unterschrieben, könnte der Postbote für diese Sache zu gewinnen sein.

Kinderfragen

Wie gewohnt, bereiten sich die Kinder auf diese Begegnung vor (siehe die Seiten 15 und 16). Und das zum Beispiel wollen die Kinder wissen:
- Hat er Angst vor den Hunden?
- Ist es schlimm, bei Regenwetter loszuziehen?
- Hat er Lieblingshäuser?
- Schaut er die Urlaubs-Postkarten an?
- Schreibt er selber gerne Briefe?

Andere Hausbesucher

Der Paketdienst verteilt die Pakete und Versandhausbestellungen.
Der Pizzaservice liefert die telefonisch bestellten Pizzas, verpackt und gestapelt in flachen Schachteln.
Der Schlüsseldienst kommt, um Türen zu öffnen, wenn jemand den Hausschlüssel verloren hat oder die Wohnungstür zugeklappt ist.
Zeitungsjungen tragen Zeitungen aus oder stopfen die Briefkästen mit Werbeprospekten voll.
Andere Leute bitten an der Wohnungstür um Geldspenden für gute Zwecke. Doch diese sollten vorher ihren Ausweis zeigen, ob sie auch tatsächlich Geld sammeln dürfen.
Vertreter wollen Zeitschriften und andere Sachen verkaufen. Aber da heißt es für Kinder aufgepaßt (siehe Information nebenan)!

Vielleicht gelingt es Ihnen, den einen oder anderen auf einen kurzen Besuch und ein ebenso kurzes Gespräch mit den Kindern in den Kindergarten oder in die Schule einzuladen? Zum Beispiel, wenn eine Kaffeepause fällig ist. Klar, daß die Kinder dann den Kaffee und ein Pausenbrot servieren!

Vorsicht Drängler!

Es gibt leider auch Menschen, die bei ihrem Hausbesuch keine guten Absichten haben und sich unter einem Vorwand ins Haus einschleichen. Darüber sollten die Kinder Bescheid wissen: Achtung! Keine Fremden ins Haus lassen, und erst recht nicht in die Wohnung!
Das zum Beispiel könnten die Kinder dem Fremden durch den Türspalt der abgesicherten Wohnungstüre oder in die Sprechanlage des Hauses sagen:
„Warten Sie vor dem Haus, bis meine Eltern kommen! Werfen Sie Ihre Visitenkarte in den Briefkasten!"

In Rollenspielen üben die Kinder solche Gespräche: Die Türe des Gruppenraums wird einen Spalt geöffnet. Wer spielt das Kind, das allein zu Hause ist, wer spielt den Vertreter? Alle Kinder sollten an die Reihe kommen!

Toni Pepperoni

Ich bin Toni Pepperoni,
fahr von Haus zu Haus.
Trag Spaghetti, Makkaroni
oder Pizza aus.
Wenn ich Leuten Essen bringe,
dann erleb' ich viele Dinge.
Frau Spirelli sagt oft: „Toni, komm' doch rein!
Denn ich esse einfach nicht so gern allein!"

Ich bin Toni Pepperoni.
Leute rufen an,
und dann knete, backe,
koche ich, so gut ich kann.
Ich muß schnell sein,
darf nicht kleckern,
manche Leute aber meckern
einfach immerzu, egal, was auch geschieht.
Trotzdem sag ich höflich: „Guten Appetit!"

Ich bin Toni Pepperoni
und mach gerne Spaß.
Wo gefeiert wird, da heißt es:
„Toni, sing etwas!"
Manchmal singe ich dann Sachen,
wo die Leute Tränen lachen.
Alle rufen: „Toni! Toni! Wundervoll!"
Und die Frauen küssen mich. Und das ist toll!

Menschen, die anderen helfen

Notdienste

Das zu wissen, beruhigt die Kinder sehr: Wenn man krank oder verletzt ist oder in der Wohnung etwas passiert, dann kann man einen Notdienst schnell um Hilfe bitten.
Wenn die Kinder mehr über die Arbeit des Notdienstes erfahren und auch einige Helfer kennenlernen, werden sie später keine Scheu haben, diesen Dienst zu beanspruchen – aber auch keinen Mißbrauch davon machen.
Schildern Sie die Arbeitssituation dieser Leute so, daß die Kinder weder in Panikstimmung kommen, noch in Sensationslust verfallen. Beschreiben Sie mit einfachen Worten, was zum Beispiel passieren könnte und wie die Menschen helfen:

Hausärzte

Wenn man sehr krank ist, dann kommen die Ärzte zu einem in die Wohnung und helfen weiter. So einen Hausbesuch eines Arztes haben sicher einige Kinder selber schon erlebt. Wollen sie davon berichten?

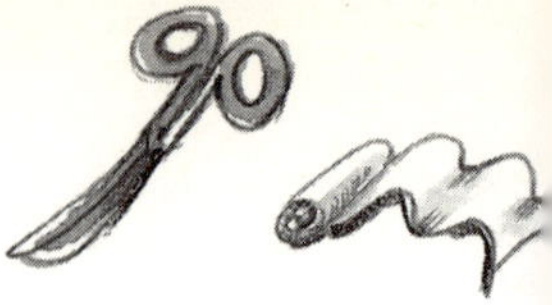

Pflegedienste

Hier betreuen Leute andere Menschen, die sich nicht mehr allein versorgen können, es sind vor allem alte Menschen. Die Helfer müssen zum Beispiel Wunden verbinden, Medizin geben, Essen reichen und das Bett richten.

Nachbarschaftshilfe

Da sind es vor allem Frauen, die ehrenamtlich anderen helfen. Sie bringen zum Beispiel ein Mittagessen, das heißt dann „Essen auf Rädern", oder kaufen etwas ein oder putzen die Wohnung oder fahren jemanden zum Arzt. Sie verrichten Arbeiten, die der andere nicht mehr machen kann, weil er zu krank oder zu schwach ist.

Johanniter und Malteser

Diese Helfer werden vor allem bei Unfällen gerufen. Sie kommen dann mit Notarzt- oder Krankenwagen und können sogar mit Hubschrauber anfliegen. Meistens sind die Helfer ausgebildete Ärzte und Krankenschwestern.

Interview mit den Helfern

Mit großen Augen werden die Kinder Ihren Schilderungen zuhören. Vor allem über die Arbeit der Notärzte wollen sie noch mehr erfahren. Wie gerne würden sie so einen Helfer kennenlernen. Und das zum Beispiel interessiert sie dabei brennend:

- Sind die Helfer sehr aufgeregt, wenn etwas passiert ist?
- Haben sie manchmal auch Angst?
- Ist es toll, als Notarzt so schnell mit dem Auto auf den Straßen zu rasen?
- Hört man die Sirene während der Fahrt auch im Auto?
- Passieren viele Unglücke mit Kindern?
- Sind auch mal lustige Dinge passiert?

Also, machen Sie sich die Mühe und suchen Sie nach einem Notdienst-Helfer an Ihrem Ort, der sich die Zeit nimmt und bereit ist, sich den Kinderfragen zu stellen.

Und hier braucht man die Handwerker

Auch im Haushalt können Notfälle oder Störungen auftreten, die man selber nicht beheben kann: Wenn zum Beispiel ein Wasserrohr platzt, der Strom ausfällt, mitten im tiefsten Winter die Heizung kaputtgeht, das Telefon nicht mehr funktioniert, wenn es nach Gas riecht oder die Toilette verstopft ist.
Dann muß ein Handwerker her! Und manchmal ist auch Eile geboten. Für solche Fälle gibt es einen Notfall-Dienst, den man sogar am Wochenende anrufen kann, wenn normalerweise kein Handwerker mehr zu erreichen ist.

Ich helfe dir

Ich will Fahrrad fahr'n,
doch die Kette springt ab.
Da sagt plötzlich jemand:
„Ich helf' dir!“
Schon hat er's repariert,
seine Hände beschmiert,
doch er lacht nur und sagt:
„Gern geschehen!“

Ich hör' Mama keuchen,
die Taschen sind schwer.
Ich ruf: „Mama warte,
ich helf' dir!"
Und ich fasse mit an.
Mama staunt: „Mann oh Mann,
bist du kräftig!" Ich sag:
„Gern geschehen!"

Am Fenster ein Falter,
der hat sich verirrt.
Ich hör Mama flüstern:
„Ich helf' dir!"
Auf 'nem Stückchen Papier
trägt sie das zarte Tier
in den Garten und ruft:
„Gern geschehen!"

Menschen, die in der Natur arbeiten

Beim Rundgang um den Häuserblock oder das Wohnviertel schauen sich die Kinder diesmal in den Gärten und Grünanlagen genauer um, vor allem nach Leuten, die dort arbeiten. Wieder einmal sind es Ihre Fragen, die die Blikke der Kinder lenken:

- Hört man nicht jemanden arbeiten?
- Was genau macht er?
- Wie ist er gekleidet?
- Welche Werkzeuge und Arbeitsgeräte benützt er?
- Ist es ein Gärtner, ein Angestellter der Stadt, ein Hobbygärtner, ein Naturschützer?

Die Anfrage

Warum fragen wir die Person nicht selber? Also, zwei Kinder ziehen los und fragen, ob sie kurz stören dürfen. Diese Höflichkeit ist angebracht, denn der Gärtner könnte ja keine Zeit haben oder bei der Arbeit nicht gestört werden wollen.
Ist die Sache geklärt, dann winken die beiden die anderen heran.

Der Hobbygärtner

So könnte die Begegnung verlaufen: Da stehen die Kinder am Gartenzaun, schauen ins Gemüse- oder Blumenbeet und fragen:

- Was wächst da alles?
- Was muß man machen, damit es wächst?
- Wie heißen die Werkzeuge?
- Wie hält man sie in der Hand?

Und wenn der Gärtner Spaß an dem Gespräch mit den Kindern hat, wird er die Gartentüre öffnen, die Kinder hereinbitten und ihnen alles genau erklären und zeigen.

Wie es weitergeht

Wollen die Kinder ein andermal wiederkommen und nachschauen, was sich im Garten verändert hat? Na klar! Dann aber telefonieren sie vorher an, um einen Zeitpunkt auszumachen. Oder die Kinder laden den Gärtner in den Kindergarten ein, weil sie jetzt auch ein Gemüsebeet anlegen wollen und er ihnen dabei helfen kann.

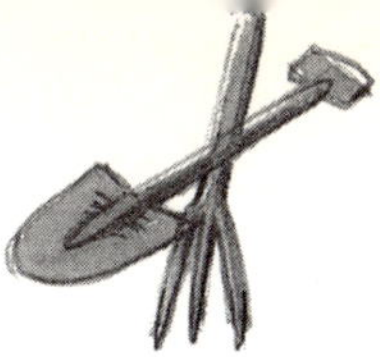

Der Stadtgärtner

So könnte die Begegnung verlaufen: Die Kinder stehen um den Gärtner herum, schauen ihm zu, betrachten seine Geräte, seine Maschinen. Sie geben ihm die Hand und spüren, wie kräftig sein Händedruck ist. Auch ein bißchen Erde ist dran, das gefällt den Kindern!
Und was genau macht er? Schneidet er die Büsche oder Bäume, mäht er den Rasen oder ist es sogar eine Blumenwiese?
Der Stadtgärtner erzählt: Bei jedem Wetter arbeitet er, gräbt und pflanzt und schneidet und setzt und sät. Sein Arbeitsplatz sind die Grünanlagen rund um das Rathaus, die Rasen und Blumenbeete im Park, die Wiesenstreifen an Wegen und Straßenrändern.
Haben die Kinder erst einmal Vertrauen gefaßt, dann werden sie dem Stadtgärtner viele Fragen stellen.

Wie es weitergeht

Die Kinder wollen helfen. Vielleicht gibt es gleich nächste Woche für die Kinder etwas zu tun? Sie wollen jeden Vormittag kommen und mitmachen, eine Woche lang.
Dieses Projekt muß von der Stadtverwaltung genehmigt werden. Aber da können ja Sie nachfragen.
Übrigens: So eine Aktion findet auch die Presse interessant und wird bestimmt im nächsten Lokalbericht darüber berichten.

Der Naturschützer

Wenn die Kinder einem engagierten Naturschützer zuhören, dann werden sie begeistert sein. Ja, der tut etwas für die Blumen und Bäume und Tiere draußen in der Natur: Er schützt die großen, alten Eichen, baut Fledermauskästen, organisiert Krötenzäune, betreut kleine Igel, damit sie über den Winter kommen, hat eine Notstation für verletzte Tiere, informiert über Vogel- und Reptilienschutz in den Gärten, zeigt, wie man Naturhecken anlegt und pflegt, führt Wanderungen durch Naturschutzgebiete und organisiert im Sommer Kinderspielaktionen im Stadtwald.
Und das Wichtigste, er hat Zeit für die Kinder und wird gerne mit ihnen überlegen, welche gemeinsame Sache sie miteinander durchführen können.
Da gibt es dann Gelegenheit, den Naturschützer ganz privat etwas zu fragen, zum Beispiel, ob er sehr über die Zerstörung der Natur traurig ist, ob er manchmal auch darüber weint, warum er so kurze Haare hat und eine Brille trägt und was in seiner Umhängetasche alles drin ist.

Menschen, die Essen zubereiten

Wo und wie bekommen die Kinder im Kindergarten das Essen? Von der Kindergartenküche? Von einem Großlieferanten, eingepackt in Folien, zum Heißmachen im Mikrowellenherd?
Es geht jetzt nicht um gesunde Kost oder Müllvermeidung, sondern einfach um die Leute, die Essen zubereiten. Denn auch da können die Kinder interessante Erfahrungen machen, unterschiedliche Menschen beobachten und Vergleiche ziehen.

Eigene Küchen-Erfahrungen

Wer bereitet zu Hause in der Küche die Mahlzeiten zu? Wer das nicht weiß, der schaut heute abend nach und berichtet am anderen Tag von seinen Entdeckungen. Und wer von den Kindern hilft in der Küche mit? Der kann gleich seine Erlebnisse schildern und den anderen erzählen, was es da alles zu tun gibt!

Im feinen Restaurant

Im Restaurant am schön gedeckten Tisch sitzen, mit Tischtüchern, Servietten und Kerzenlicht, alle Gäste sind gut gekleidet, sogar der Ober trägt einen dunklen Anzug. So ein Restaurantbesuch ist für Kinder wie ein Besuch im Theater. Restaurants dieser Art haben meistens bis Mittag geschlossen. Und genau das ist die Chance für die Kinder, am Vormittag hinter die Kulissen schauen zu können. Vielleicht gelingt es, den Restaurantbesitzer von dieser Idee zu begeistern. Erzählen Sie ihm, wie so ein Besuch der Kinder ablaufen könnte:

Die Kinder machen einen Rundgang, werden schön hintereinander gehen und auch nichts anfassen. Im Saal wollen sie einfach zuschauen, wie das Personal die Tische richtet und die Getränkebar auffüllt. Vor dem Gang in die Küche werden sie ihre weißen Papiermützen aufsetzen, die sie im Kindergarten extra dafür geklebt haben, damit keine Haare in den Suppentopf fallen. Sie spicken auch gerne in den Vorratskeller oder schauen zu, wenn Getränke und Nahrungsmittel angeliefert werden. Zum Schluß wollen sie den Besitzer nach seiner Arbeit fragen, vielleicht dürfen auch der Koch und der Herr Ober kurze Zeit ihre Arbeit unterbrechen, um sich mit den Kindern zu unterhalten.

Das Gasthaus nebenan

Gibt es in der Nähe ein Gasthaus mit freundlichen und aufgeschlossenen Gastwirten? Versuchen Sie, ihnen folgende Idee „schmackhaft" zu machen: Die Kinder nehmen dort ein Mittagessen ein, reden mit den Wirtsleuten, mit dem Koch und mit der Bedienung, stellen Fragen und lassen sich all das erklären, was zum Leben in der Gastwirtschaft gehört. Sie helfen beim Tischdecken und lassen sich zeigen, daß man Gläser nicht am Rand und das Besteck nur am Griff anfaßt, wie man die Serviette faltet, wo Teller und Besteck auf dem Tisch plaziert werden.

Tischmanieren
Und wie sitzt ein Gast am Tisch? Auch das könnten die Gastwirte den Kindern erklären – oder wollen Sie diesen Part übernehmen? Da gibt es einiges zu sagen, zum Beispiel dies:
Ein Gast zappelt am Tisch nicht hin und her, sondern bleibt ruhig sitzen. Bevor er mit seiner Mahlzeit beginnt, wünscht er den anderen einen „Guten Appetit"! Die Serviette kommt auf den Schoß und wird benützt, bevor man aus dem Glas etwas trinkt.
Die Kinder lernen das schnell. Sie wissen auch längst, daß man beim Essen nicht schmatzt und rülpst und auch nicht mit vollem Mund spricht. Das alles wollen sie jetzt beherzigen und haben es vorher versprochen.
Und bezahlen will auch jedes Kind, sie haben dafür extra ihren Geldbeutel mitgenommen!

Pommesbude und Würstchengrill

Hier sind keine Tischmanieren gefragt, weil es auch keine Tische gibt, an denen man Platz nehmen kann. So einfach ist das! Hier kommt es eher auf die Geschicklichkeit an, wie man seine Pommes auf dem Pappteller aufpiekst, ohne daß die Hälfte auf den Boden fällt. Oder wie man sein heißes Würstchen ißt, ohne sich den Mund zu verbrennen und den Senf auf die Jacke zu kleckern.

Haben die Kinder Lust, sich auch in dieser Essens-Kunst zu erproben? Beim nächsten Spaziergang wird auskundschaftet, ob in der Nähe ein Kiosk ist, der etwas zum Essen anbietet. Dann melden die Kinder ihr Kommen an und vereinbaren auch den günstigsten Zeitpunkt für den großen Andrang.
Also, es gibt ausnahmsweise mal zum Essen Würstchen mit Pommes. Aber da müssen die Eltern erst zustimmen!

Alle arbeiten zusammen

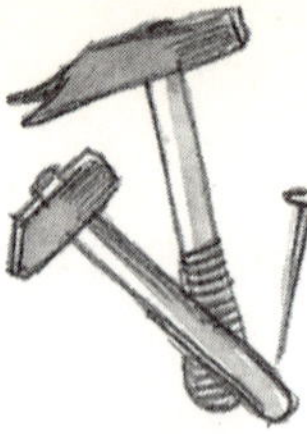

Vor allem für die älteren Kinder ist es sehr lehrreich, zu erfahren und zu überdenken, wie die Menschen mit ihren unterschiedlichen Berufen zusammenarbeiten, daß einer allein gar nichts bewerkstelligen kann, wie alle aufeinander angewiesen und voneinander abhängig sind.
Auf den nächsten Seiten sind zwei Vorschläge dazu ausgearbeitet. Es sind Aktionen, die vielschichtig ausgebaut werden und über Tage und Wochen dauern können. Die Beispiele wollen Sie dazu animieren, sich an solche Großprojekte heranzuwagen.

Ein Hausbau

Erster Kontakt
Ist in der Umgebung ein Hausbau geplant? Baut jemand von den Eltern ein Haus? Will die Gemeinde ein neues Gebäude erstellen? Das alles sind beste Gelegenheiten, sich einzumischen und bei den Bauherren anzufragen, ob die Kinder „ständige Begleiter" des Hausbaus werden können.

Organisation
Informieren Sie sich über die einzelnen Bauarbeiten: Wann kommt welcher Handwerker? Wenn das der Bauherr vielleicht selber nicht weiß, ergreifen Sie die Initiative und fragen bei den Handwerkern selber nach. Informieren Sie diese auch über das geplante Projekt, daß die Kinder zuschauen und die Begegnung nicht verpassen wollen. Dann könnten Sie verbindlichere Termine erfahren als der Bauherr. Denn die Sache mit den Kindern ist ja etwas anderes!

Weitere Treffen
So oft es geht, werden die Kinder sogar bei Besprechungen dabei sein. Auch wenn sie nicht alles verstehen, so werden sie doch aufmerksam zuhören und beobachten, wer sich wie verhält.

Die Bauarbeiter

Jeder ist wichtig, egal, was er macht! In vielen vorbereitenden Gesprächen erfahren die Kinder mehr über die Arbeit und Zusammenarbeit der Bauarbeiter und Handwerker, zum Beispiel:
Der Architekt zeichnet einen Plan, der Vermesser mißt das Baugelände aus, der Baggerführer kommt mit seinem Fahrzeug und schaufelt die Baugrube aus, die Maurer ziehen die Wände hoch, der Zimmermann setzt den Dachstuhl drauf. Dann wird das Richtfest gefeiert, und alle wünschen dem Bauherrn viel Glück.
Es geht weiter mit dem Schreiner, der das Treppenhaus hochzieht und die Türen einbaut, dem Glaser, der die Fenster einfügt. Der Plattenleger verlegt die Platten, der Installateur die Wasser- und Abwasserrohre, der Elektriker die Stromkabel. Dann wird das Haus außen verputzt und innen angestrichen oder tapeziert.

Und immer sind die Kinder dabei, beobachten, schauen, und während der Pause der Handwerker bleibt ein bißchen Zeit für Fachgespräche: Die Kinder fragen nach den Werkzeugen, Geräten, Maschinen und natürlich nach all den anderen Dingen, die sie interessieren und die gewiß nicht immer etwas mit dem Hausbau zu tun haben!

Nach-Spiele

Handwerker-Poster
Von jedem Handwerker wird ein Plakat erstellt, mit einem Portraitfoto, mit Zeichnungen der Kinder, mit aufgeklebten Bildern aus Katalogen vom Baufachhandel, mit Dokumentationsfotos von den Arbeiten am Haus.

Häuserbau
Die Kinder bauen kleine Häuser, das Baugerüst aus Ästen, Stöckchen und Stäben, die Wände aus Tonziegelsteinen, die sie selbst aus Ton anfertigen und an der Sonne trocknen lassen. Oder sie malen und kleben ein Haus aus Papier und Pappe.

Richtfest
Für das Richtfest basteln die Kinder Glückszeichen, die an den Dachstuhl oder den Hauseingang gehängt werden.

Inneneinrichtung
Aus großen Kartons oder Obstkisten bauen die Kinder eine Mini-Ausgabe des Hauses mit allen Zimmern. Mit Papier, Pappe, Stoffen, Holzresten und anderen Bastelsachen gestalten sie die Inneneinrichtung. Ist ein Vorschlag für den Bauherrn dabei? Da muß er schon selber kommen und sich alles erklären lassen!

Die unendliche Geschichte vom Kuchen

Eine Tagebuch-Dokumentation

In einem großen Notizbuch werden alle Informationen zusammengetragen, notiert, eingeklebt, gemalt, skizziert. Da machen die Kinder fleißig mit. Es ist das Tagebuch für eine fast unendliche Geschichte.

Die erste Buchseite

Die Kinder wollen einen Rührkuchen kaufen, also gehen sie zum Bäcker. Moment mal – verkauft wirklich der Bäkker höchstpersönlich den Kuchen? Nein! Hinter dem Ladentisch steht nämlich die Verkäuferin.

Die anderen Buchseiten

Die Kinder schauen sich im Bäckerladen um. Das ist nicht die Backstube, sondern der Verkaufsladen. Ja, ein Bäkker braucht einen Laden mit Ladentheke und Regalen, wo er seine Waren auslegt.

Die Regale zimmert der Schreiner aus Holzbrettern, diese muß ihm der Holzhändler liefern, der bekommt sie vom Sägewerk, und dorthin werden Baumstämme vom Wald gebracht, und die Bäume im Wald hat der Waldarbeiter gefällt.

Aber lassen wir mal die Geschichte mit den Regalen und wenden uns dem Bäkker und dem Kuchen zu:
Der Bäcker braucht zum Kuchenbacken „Eier und Schmalz, Butter und Salz, Milch und Mehl, Safran macht den Kuchen gel (gelb)“. Das wissen die Kinder aus dem Kinderlied „Backe, backe, Kuchen“.

Doch nun schön der Reihe nach: Zuerst die Eier! Diese kommen vom Bauern! Noch genauer: Die Hühner sind es, die die Eier legen, der Bauer sammelt sie ein (die Problematik der Legebatterien lassen wir außen Betracht!), in Eierkartons werden sie gestapelt, verladen, mit einem Lastwagen weitertransportiert, kommen in den Großhandel oder direkt zum Bäcker. Das werden die Kinder beim nächsten Bäckerbesuch nachfragen.

Die nächsten Zutaten sind Butter und Schmalz. Woher kommt die Butter? Vom Supermarkt? Nein! Vom Bauern? Nein! Die Reihenfolge geht anders: Butter wird aus Milch hergestellt. Und Milch geben Kühe ab. Und Kühe fressen Gras und trinken Wasser. Und dafür sorgt der Bauer. Und Kühe müssen gemolken werden, das geht heutzutage automatisch mit Melkmaschinen. Und die muß der Bauer kaufen.

Die Butter-Geschichte geht noch weiter: Die Milch wird in großen Milchkannen gesammelt, diese werden in Container umgefüllt und mit einem extra Milchtransport zur Molkerei gefahren. Dort erst wird aus der Milch die Butter hergestellt, verpackt, mit Lastwagen in den Großhandel gebracht, der beliefert den Bäcker.

Fortsetzung

Jetzt wissen Sie, warum die Geschichte vom Kuchenbacken eine unendliche Geschichte werden kann. Jeden Tag verfolgen Sie mit den Kindern eine andere Spur, mal führt sie zum Bauern, mal zur Molkerei, mal in Fabriken, mal zum Großhandel und zu anderen Lagerstellen, dann wieder zu Transportunternehmen und Lkw-Fahrern, dann zu Tankstellen und vielleicht sogar zu den Öltankschiffen auf den Meeren.
Jeden Tag können Sie einen ganz kleinen Abschnitt des großen Zusammenspiels herausgreifen. Nicht zuviel berichten, damit die Tages-Information für die Kinder übersichtlich bleibt. Und jeden Tag gestalten die Kinder eine neue Buchseite.
Und wann ist die Geschichte zu Ende? Ganz einfach: Wenn das Tagebuch voll ist!

3. Kapitel

Das Zusammenleben in einer Gemeinde

Im Wohnviertel

Was ist eine Gemeinde, eine Gemeinschaft? Was bedeutet es, mit vielen Menschen zusammenzuleben? Wie geht das, wie klappt das?
Dies kann den Kindern mit vielen Entdeckungsreisen – es sind eher Wanderungen und Ausflüge – erklärt, gezeigt und erfahrbar gemacht werden. In diesem Kapitel lernen die Kinder also die Struktur eines Gemeindelebens kennen. Exemplarisch wird der Besuch verschiedener Institutionen beschrieben und mit Aktivitäten für die Kinder ergänzt.

Voraussetzungen

Im zweiten Kapitel waren die Kinder unterwegs, um verschiedenen Leuten in ihren Berufen zu begegnen, um zu sehen, was sie machen, wie sie sich in der Arbeitswelt einrichten und wie sie zusammenarbeiten. Im ersten Kapitel ging es um Begegnungen mit Fremden auf der Straße; die Kinder übten Verhaltensweisen, die wichtig sind, um mit anderen in Kontakt und Kommunikation treten zu können.
Diese Erfahrungen und dieses Wissen sind nun eine gute Voraussetzung, um die sozialen Vernetzungen eines Gemeindelebens verstehen zu können und sich darin zurechtzufinden.

Um den Häuserblock

Es begann – im ersten Kapitel – mit einem Gang auf die Straße, jetzt werden die Kreise weiter gezogen. Als nächstes holen die Kinder ihre Erkundigungen in einem Rundgang um den Häuserblock ein. Und mit jeder weiteren Aktion werden die Ausflüge der Kinder größer und die Wege länger.

Vorbesprechung

Doch halt, bevor die Kinder losziehen, sollten sie miteinander absprechen, wie sie diesen Rundgang durchführen wollen. Da gibt es zum Beispiel diese Alternativen:

Alle Kinder
Die ganze Kinderschar wandert los, dann können alle das gleiche sehen und schon unterwegs miteinander darüber reden.

Aufmerksam schauen

Achtung, auch die kleinen Träumerlein sollten aufwachen und mitmachen, deshalb gibt es wieder Beobachtungsaufgaben. Und das geht so: Immer wieder bleiben Sie stehen und fragen zum Beispiel:

- Wo ist viel Straßenverkehr?
- Wo kann man einkaufen?
- Wo können Kinder spielen?
- Gibt es eine Sehenswürdigkeit, beispielsweise ein Denkmal, einen Brunnen, eine Brücke oder ein Tor?
- Gibt es Bäume und Büsche?
- Gibt es Parkplätze für die Autos?
- Sind die Häuser groß oder klein oder so lang wie die ganze Straße?
- Wo sind Arbeitsstätten, wo Wohnhäuser?
- Gibt es Gärten mit Blumen?

Wenn mehrere Gruppen unterwegs sind, könnte jede eine bestimmte Beobachtungsaufgabe mit auf den Weg bekommen.
Und nach dem Ausflug tragen die Kinder ihre Beobachtungen zusammen. Der Austausch findet in einer gemütlichen Ecke mit Saft und Keksen statt, damit die Kinder schön lange Zeit haben, ihre Eindrücke wirken zu lassen und auch Nebensächlichkeiten berichten zu können.

Kleine Gruppen
Oder wollen die Kinder lieber in kleinen Gruppen starten? Jede Gruppe wartet, bis die andere von ihrer Runde wieder zurückgekommen ist. Eine Erzieherin oder eine Mutter ist natürlich auch immer dabei.

Also, die Kinder überlegen selber, beraten und stimmen ab, wie sie es machen wollen.

Bekannte Wege

Der Nachhauseweg

Bei den nächsten Ausflügen hat die Kindergruppe immer einen kleinen Führer, der vorneweg marschiert und genau den Weg kennt. Es ist sein Weg nach Hause. Vielleicht wartet am Ziel, also an der Haustüre, eine Mutter oder ein Vater, um die Kinderschar willkommen zu heißen?
Klar, daß die Kinder nicht in die Wohnung drängeln, aber ein kleiner Gang rund um das Haus, oder bei Mehrfamilienhäusern ein Rauf- und Runter-Rennen im Treppenhaus, das gehört schon dazu. Die anderen Hausbewohner werden mit einem freundlichen Kinder-Mal-Brief über diesen kurzen und sicher auch lärmenden Besuch informiert. Dann wissen alle Bescheid, und keiner wundert sich.

Ihre Sensibilität ist gefragt!

Achten Sie darauf, daß beim Vergleichen der unterschiedlichen Wohnsituationen nicht wertend kommentiert wird. Kein Kind sollte sich betroffen fühlen. Und Angeben ist auch nicht erlaubt! Weisen Sie einfach auf die Vorzüge der einzelnen Wohnsituationen hin, zum Beispiel, daß neben dem klotzigen Mehrfamilienhaus ein großer Spielplatz angelegt ist oder daß hinter dem schmalen Einfamilienhaus eine schöne Wiese zum Spielen liegt.

Die Stadtviertel

Jeder Ort hat verschiedene, typische Ortsteile, zum Beispiel Wohnviertel, Villenviertel, Hochhaussiedlungen, Siedlungen mit Einfamilienhäusern, Geschäftsviertel, Einkaufsstraßen, Industriegebiete, Parkanlagen.
Das sind die Ziele der nächsten Ausflüge, ob das nun Wanderungen, Bus- oder Straßenbahnfahrten sind.
Vielleicht gelingt es Ihnen sogar, dafür einen privaten Elternfahrdienst zu organisieren. In manchen Kindergärten ist das schon zur bewährten und jederzeit abrufbaren Elternaktion geworden.

Die Unterschiede zwischen den verschiedenen Stadtgebieten sind groß. Lassen Sie den Kindern Zeit zum Schauen, Entdecken und Beobachtungen austauschen. Wenn die Kinder neugierig geworden sind, werden sie auch fragen. Erst dann sollten Sie mit Ihren Informationen loslegen, zum Beispiel auf die unterschiedlichen Funktionen der Viertel und die dafür geeigneten Bauten, Straßen und Plätze hinweisen.

Passanten fragen

Das wäre großartig, wenn die Kinder bei ihren Ausflügen die Leute unterwegs ansprechen und sich mit ihnen unterhalten würden. Keine Sorge, Sie sind ja auch dabei und können, wenn nötig, den überraschten Passanten die Situation erklären.

Foto-Bilderbuch

Packen Sie bei diesen Ausflügen Ihren Fotoapparat in die Tasche. Nehmen Sie aber nur das auf, was die Kinder wichtig finden. Alle Bilder werden später in ein Album geklebt. Dann können die Kinder selber erzählen, was auf den Bildern zu sehen und was da alles passiert ist – und auch ein bißchen übertreiben. Das zeigt nur, wie eifrig die Kinder bei der Sache sind!

Ortspläne

Die Vogelperspektive

Wenn es in der Nähe einen Aussichtsturm gibt oder ein hoher Kirchturm bestiegen werden kann, dann können die Kinder selber entdecken, wie die Welt von oben betrachtet aussieht und wie die Straßen den Linien des Ortsplanes entsprechen.
Doch auch mit den nachfolgend beschriebenen Lernschritten werden die Kinder die „Verkleinerung" ihres Ortes verstehen können.

So ein Durcheinander!

Ein Plan von der Stadt oder dem Dorf liegt ausgebreitet auf dem Boden. Das soll unser Ort sein? Die Kinder schauen verwundert die Linien und Flächen an. Und da soll man einen Weg finden?
Probeweise zeigen Sie mit dem Zeigefinger den Weg vom Kindergarten oder von der Schule zum Marktplatz oder zu sonst einer markanten Ecke, die die Kinder kennen. Sie lesen dabei die Straßennamen vor und erklären, was die Flächen und Linien auf dem Plan bedeuten. Natürlich kennen die Kinder diese Strecke, die sind sie doch selber gegangen. Aber das hier sieht ganz anders aus!
Also, erklären Sie den Kindern den Ortsplan.

1. Schritt: Straßenplan
Die Kinder gehen die Straße vor dem Kindergarten auf und ab, schauen und merken sich die Häuser und alles, was sie wichtig finden.
Wieder zurückgekommen, malen die Kinder die Straße auf ein sehr langes Tapetenpapier. Da können gleich viele Kinder mitmachen. Dieses endlos lange Straßenbild wird in einem ebenso langen Flur an der Wand befestigt.
Aber: Kann man auf diese Weise den ganzen Ort aufmalen? Wohl kaum! Also muß alles ein bißchen kleiner gezeichnet werden.

2. Schritt: Rund ums Viereck
Wieder ziehen die Kinder los, diesmal um den Häuserblock, also immer rechts abbiegen, bis man wieder beim Kindergarten oder bei der Schule ankommt. Die Kinder merken sich genau die Straßen und Gebäude, die sie nachher auf den Plan zeichnen wollen.
Und diesmal wird ein großes Packpapier ausgebreitet, dann werden die Straßen eingezeichnet, samt Zebrastreifen und Ampeln. Die Häuser werden auf extra Papier gemalt, ausgeschnitten und auf den Plan an die richtigen Stellen geklebt. Ebenso andere Besonderheiten, zum Beispiel Bäume, Briefkästen, Bushaltestellen. Wie ein Ortsplan sieht das nun aus. Aber immer noch ist es nicht der ganze Ort, der hier abgebildet ist, es fehlen viele Straßen und Häuser und Plätze. Alles muß also noch kleiner werden! Vielleicht so klein, daß man die Häuser und Bäume gar nicht mehr einzeln erkennt, sondern daß man nur die roten Flächen der Häuserdächer sieht und die grünen Flächen der Gärten und Parks und die Linien der Straßen.
Ach so – jetzt verstehen die Kinder die Sache mit den Linien und Flächen auf dem Stadtplan.

Großer Bilderplan

Schade ist es trotzdem, daß auf dem gedruckten, großen Stadtplan keine Häuser und Sehenswürdigkeiten abgebildet sind. Dazu folgende Idee:
Der Stadtplan wird an der Wand befestigt. Dann sortieren die Kinder die Fotos, die bei den bisherigen Ausflügen aufgenommen wurden, und kleben sie auf die entsprechenden Stellen des Plans. Daß dadurch anderes überdeckt wird, das stört nicht.
Und so wird aus dem Stadtplan doch ein Bilderplan. Und immer, wenn neue Sehenswürdigkeiten oder Gebäude besichtigt werden, werden auch die neuen Fotos dazugeklebt.

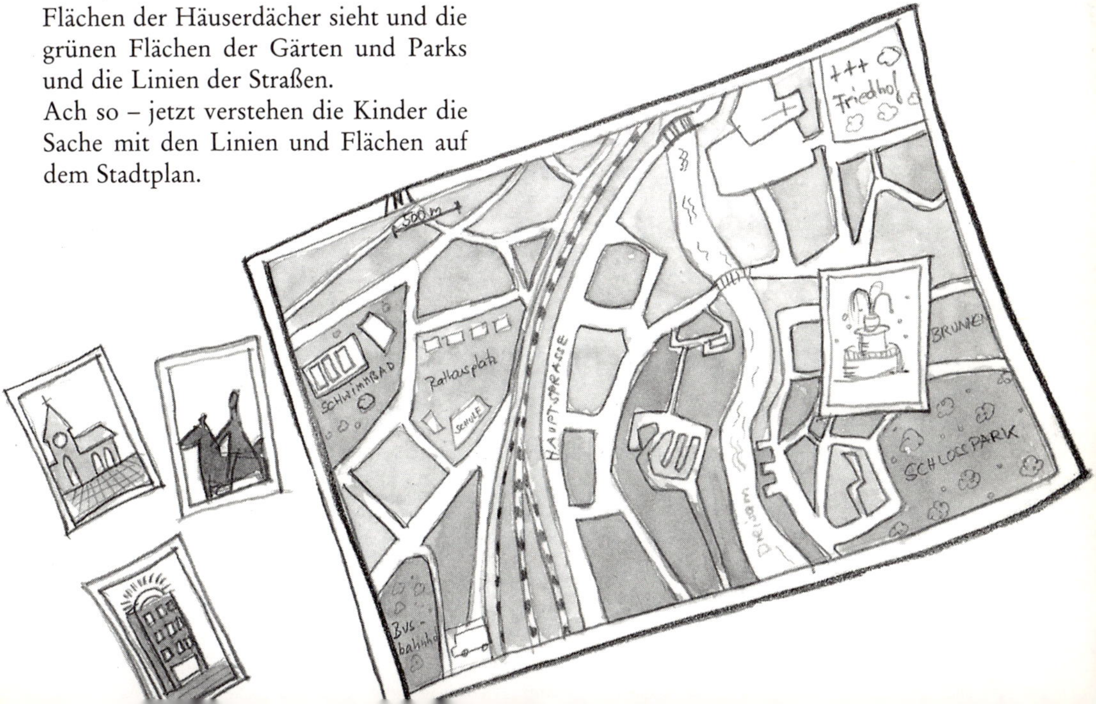

Spielorte für Kinder

Geheime Winkel

Wo spielen die Kinder, wenn sie nicht im Kindergarten oder in der Schule sind? Natürlich zu Hause oder rund um das Haus und auf den Spielplätzen. Ob Ihnen die Kinder aber auch ihre geheimen Verstecke verraten? Sicher nicht das Versteck im Keller des Neubaus, wo „Betreten verboten!“ ist, auch nicht das Lager hinter dem Supermarkt zwischen den Kisten und Containern, wo sie als Schlupfloch ein Stück vom Zaun herausgebrochen haben, und auch nicht den Schlupfwinkel im dichten, großen Buschgewirr neben der Schnellstraße, die am Ort vorbeiführt. Wo die Kinder sich zum Spielen treffen, bleibt nun mal ihr Geheimnis! Allerdings, fragen kann man ja mal!

Öffentliche Spielplätze

Warum nur werden die extra für Kinder angelegten Spielplätze von den Kindern so selten besucht? Dem wollen wir auf die Spur kommen. Also, besuchen Sie mit Ihrer Kinderschar den nächstgelegenen Spielplatz. Wo der ist, das wird zuerst auf dem Stadtplan herausgefunden (siehe Seite 88) und auch der Weg dorthin. Dort angekommen, sind Sie es, die diesmal viele Fragen hat:

- Was gefällt euch hier?
- Was nicht, und warum?
- Was soll anders sein?
- Was fehlt?
- Was ist gefährlich, was langweilig, was spannend, was ziemlich doof?

Und zum Schluß werden der schönste und der langweiligste Winkel auf dem Spielplatz fotografiert.

Spielplatz-Projekt

Alle Spielplätze in nächster Umgebung werden von den Kindern verglichen, erprobt, gewertet. Und Sie notieren flink wie ein Reporter die Aussagen der Kinder. Vielleicht läßt sich da etwas ändern (siehe Seite 95)?

Spielplatz-Modelle

Wenn das Foto für die Ideen nicht mehr ausreicht, dann bauen die Kinder kleine Modelle, mit Pappe und Papier, Ästchen und Hölzchen, Legosteinen und Bauklötzen, Knete und Ton. Je mehr Material bereitsteht, desto besser für die kleinen Spielplatz-Architekten.

Wunsch-Spielplätze

So können die Kinder ihre Wünsche bei der Gestaltung von Spielplätzen zum Ausdruck bringen:
Sie fotografieren die Spielplätze von verschiedenen Blickwinkeln aus. Die Bilder werden entwickelt, und die Kinder malen mit Filzstiften in die Fotos ihre Verbesserungsvorschläge, ihre Wünsche und Phantasien, zum Beispiel: Aus dem Klettergerüst wird eine tolle Kletteranlage mit dicken Seilen, Strickleitern und vielen Verstrebungen kreuz und quer. Neben den Sandkasten kommt ein großer Erdhaufen und dazwischen eine Wasserleitung, weil nur feuchte Erde und feuchter Sand sich gut formen lassen. Aus dem hartgetretenen Erdboden wird eine weiche Mooswiese, rundum sind Büsche gepflanzt, ein Schlupfloch führt in das Versteck.
Es gibt Fühlstraßen, Kräuter-Riech-Beete, Klangrohr-Windspiele, Wasserbecken, Schaukelbrücken, Hängematten, Wiesenlabyrinthe. Die Kinder wissen genau, was ihnen gefällt! Die Phantasien dürfen grenzenlos sein!

Das wollen wir!

Die Ideen für einen besseren Spielplatz sind da, zum Teil ganz konkret mit Kinderbildern und Bastelmodellen. Wohin damit? Wer kann helfen, daß daraus Realität wird? Da gibt es eine Person am Ort, mit der die Kinder jetzt sprechen sollten: der Bürgermeister! Also, wir gehen jetzt ins Rathaus, alle miteinander (siehe Seite 94)!

Eine echte Alternative

Auch darüber sind sich die Kinder einig: Wenn sie in ihrem Wohnviertel so einen tollen Spielplatz hätten, dann wären bestimmt viele Kinder da. Und wenn der Spielplatz auch viele Verstecke hätte, dann müßten sie sich nicht mehr im Neubau-Keller, Supermarkt-Lager oder Schnellstraßen-Busch treffen.

Vom König zum Bürgermeister

Wenn es auch Ihr Anliegen ist, den Kindern die Rolle des Bürgermeisters zu erklären, dann könnten die nachfolgenden drei kleinen Geschichten, es sind eher Rollenbeschreibungen, dazu beitragen.

Früher: Der König

Früher, ganz, ganz früher... da hatte jedes Land einen König. Er wohnte in seinem Schloß. Zu ihm konnten seine Untertanen kommen, wenn sie Sorgen hatten, Geld benötigten, sich beschweren wollten oder miteinander Streit hatten.
Ja, das wissen die Kinder auch aus den Märchen: Ein König muß das Land regieren, dieses vor Feinden schützen und sich um das Wohlergehen seiner Leute kümmern. Er hat Berater, die ihn bei dieser Arbeit unterstützen, und Diener und Soldaten.
Es gibt gute und böse Könige, kluge und dumme Berater, davon erzählen auch die Märchen.

Heute: Der Kanzler ...

Auch das verstehen die Kinder: Heute gibt es in manchen Ländern immer noch Könige, aber sie sind nicht mehr so mächtig, wie es in den Märchen beschrieben ist.
In Deutschland gibt es keinen König mehr. Dafür wählen die Erwachsenen eine Person, die in Vertretung aller Leute die Regierungsgeschäfte des Landes übernimmt und verantwortet. Es ist der Kanzler. Auch er bespricht seine Arbeit mit Ministern, die ihn beraten und ihm zuarbeiten, und er hat viele Angestellte, die ihn bei der Arbeit unterstützen. Auch gibt es Soldaten, die Land und Leute beschützen sollen. Alles ist ein bißchen ähnlich wie im Märchen.

… und der Bürgermeister

Und da spitzen die Kinder ihre Ohren, wenn sie hören, daß auch jede Gemeinde und jede Stadt eine Person hat, die von den Bürgern gewählt wird und die sich stellvertretend für alle Leute um das Wohlergehen aller kümmern muß. Es ist der Bürgermeister. Er hat sein Büro im Rathaus. Ihn beraten die Gemeinderäte oder Stadträte, und auch viele Sachbearbeiter helfen ihm bei der Arbeit. Ein Bürgermeister kann gar nicht mehr alles selber machen, so viel gibt es zu tun.

Der Besuch wird geplant

Sicher sind die Kinder jetzt neugierig geworden, wie ihr Bürgermeister aussieht und was er macht? Doch bevor alle das Rathaus stürmen, besprechen und organisieren Sie in bewährter Weise mit den Kindern diesen Besuch. Wie man dabei vorgeht, das wissen die Kinder längst und können mitplanen (siehe Seite 15 und 16). Auf den nächsten beiden Seiten ist beschrieben, wie der Besuch beim Bürgermeister ablaufen könnte.

Im Rathaus

Schon das Betreten des Rathauses ist aufregend, da gibt es viel zu bestaunen: das breite Portal, die großen Treppen, die langen Gänge, die vielen Türen, die geschäftigen Leute, die mit dicken Ordnern unter dem Arm hin- und hereilen, und die wartenden Leute, die vor den Türen stehen, miteinander flüstern oder starr auf den Boden sehen.
Ein bißchen märchenhaft wirkt die Szene im Rathaus schon. Vielleicht nicht so prächtig schön wie im Märchen, eher langweilig grau. Ob da nicht bunte Bilder, von den Kindern gemalt, ein schöner Wandschmuck wären? Das kann man ja nachher den Bürgermeister fragen!

Im Rathaussaal

Auf leisen Sohlen – das wurde vorher mit den Kindern ausgemacht und probeweise auch geübt – gehen die Kinder die Gänge im Rathaus entlang, schauen sich um, beobachten und erforschen.
Eine Aufgabe hat jeder: Er muß sich etwas merken, das ihm besonders auffällt, damit er es später den anderen beschreiben kann.
Im Rathaussaal angekommen, können die Kinder hinter der geschlossenen Saaltüre ihrer Anspannung Luft machen. Jetzt hört es niemand, wenn sie alle aufgeregt durcheinanderreden. Dann aber nehmen die Kinder auf den feinen Stühlen Platz, und einer nach dem anderen erzählt, was ihm aufgefallen ist.

Bürgermeister mit Bürgernähe

Zum vereinbarten Termin kommt die Sekretärin des Bürgermeisters und bittet die kleinen Gäste mitzukommen. Und endlich sehen sie den Bürgermeister. Der ist es also, der sich darum kümmern muß, daß es ihnen allen in der Gemeinde gutgeht!
Wird er aufstehen und die Kinder einzeln mit Handschlag begrüßen oder hinter seinem Schreibtisch sitzen bleiben und allen zuwinken?
Die Kinder jedenfalls werden voller Erwartung auf den Bürgermeister zugehen, seinen großen Schreibtisch betrachten, seine Papierstapel und Ordner begutachten, seine Telefone zählen, sich wundern, daß in dem großen Raum nur so wenig Stühle sind.
Keine Bange, nur ein Bürgermeister, der Kinder gerne hat, wird sich auf diese Begegnung einlassen! Und wie lange sich der Bürgermeister für seine jüngsten Bürger Zeit nimmt, das ist vorher abgesprochen.

Engagierte kleine Bürger

Da gibt es etwas, was die Kinder unbedingt dem Bürgermeister sagen wollen: Warum ihnen die Spielplätze nicht gefallen, was gefährlich auf den Spielplätzen ist (siehe Seite 90)! Sie wollen wissen, ob der Bürgermeister es genehmigt, daß ein Spielplatz umgebaut wird. Dazu haben sie viele Ideen gemalt, ob er die Bilder gleich sehen will oder sich ein andermal dafür Zeit nimmt? Und wann genau?
Es wäre schön, wenn der Bürgermeister sein Interesse für die Belange der Kinder zeigt! Auch das könnten Sie im Vorfeld klären. Übrigens: Ein engagierter Elternverein könnte Sie bei dieser Aktion „Bessere Spielpläze“ unterstützen.

Presseverdächtig

Dieser Besuch der kleinen Bürger im Rathaus wird auch die Lokalpresse interessieren! Das gibt gute Fotoszenen und einen kurzweiligen Bericht und wird deshalb die Redakteure begeistern.
Tip: Nutzen Sie die Gelegenheit dazu, auch von Ihrer Arbeit, Ihrem Projekt und dem pädagogischen Konzept zu berichten!

Gemeindeverwaltung

Und wieder die Vorbereitung

Im Rathaus gibt es ja so viele Türen (siehe Seite 94), und hinter jeder Türe wird etwas anderes gearbeitet. Was? Das wollen die Kinder erkunden. Wie? Das sollen die Kinder vorher entscheiden:

- Wollen alle Kinder alles sehen? Dann wäre es sinnvoll, wenn die Kinder über einen längeren Zeitraum hinweg immer wieder einen Ausflug zum Rathaus machen und jedesmal eine andere Abteilung besuchen. Prima, wenn das Rathaus in der Nähe ist und die Kinder zu Fuß dorthin gehen können.
- Oder wollen die Kinder sich aufteilen und in kleinen Gruppen in verschiedene Büros gehen? Dann könnten alle Kinder gleichzeitig ins Rathaus ziehen und später ihre Erlebnisse und Beobachtungen untereinander austauschen.

Die Ausführung

So zum Beispiel könnte dieser Besuch ablaufen:
Am Eingang warten ein paar Verwaltungsbeamte auf die Kinder. Sie haben sich auf dieses Treffen vorbereitet, begrüßen die Kindergruppe, die ihnen zugeteilt wird, und ziehen mit den Kleinen ab. Nach zehn Minuten ist Treffen im Gemeindesaal. Da bleibt sicher noch ein bißchen Zeit für den ersten Erfahrungsaustausch.

Wegweiser durch ein Rathaus

Beispiele für Spielaktionen

Im Fundbüro
Der Kasperl ist verlorengegangen! Ob er im Fundbüro gelandet ist? Die Kinder wollen dort selber nachfragen. Klar, daß der Angestellte nicht verrät, daß Sie den Kasperl dort abgegeben haben. Später weiß der Kasperl viele abenteuerliche Geschichten aus dem Fundbüro zu erzählen. Und so ganz nebenher lernen die Kinder, daß sie ihre Funde im Fundbüro abgeben sollten – und ihre verlorenen Sachen dort auch suchen können.

Im Standesamt
Gewiß werden Sie ein Brautpaar antreffen, das sich darüber freut, wenn eine Kinderschar bei ihrer Trauung dabei sein wird. Ein Plakat im Rathaus, von den Kindern bunt bemalt, weist mit einem kurzen Text auf dieses Interesse und das Projekt hin. Wie es dann weitergeht, das wird mit dem Standesbeamten und dem Brautpaar besprochen und mit den Kindern in einem Rollenspiel vorher durchgespielt. Dann kann nichts mehr schiefgehen!

Im Einwohnermeldeamt
Wie staunen die Kinder, wenn sie erfahren, daß dort ihre Namen aufgeschrieben sind, auch wo sie wohnen, wann sie geboren wurden und die Namen der Eltern. Bei jedem Kind wird nachgeschlagen und vorgelesen. Und Sie besprechen alles vorher mit dem zuständigen Beamten.

Kinderbüro

Und wo ist das Büro, wo Kinderfragen und Kindersorgen wichtig genommen werden, wo Kinder selber aus- und eingehen können, wo man Zeit für Kinder hat, wo man die Kinder ernst nimmt und ihnen aufmerksam zuhört, auch wenn das, was sie sagen wollen, endlos lange dauert?
In vielen Großstädten gibt es bereits solche Kinderbüros. Jedes ist etwas anders organisiert, je nach den Bedürfnissen und Gegebenheiten des Ortes. Doch auch in kleineren Ortschaften könnten Kinderbüros eingerichtet werden, damit auch dort die Kinder einen Ansprechpartner für ihre Belange und Nöte haben.
Wollen Sie für die Realisierung den ersten Schritt machen? Dazu praktische Anregungen aus dem Erfahrungsschatz der anderen. Vielleicht lassen Sie sich mit diesen Informationen animieren?

Aller Anfang ist schwer

Besprechen Sie Ihre ersten Ideen mit einer kleinen Runde engagierter Leute, die Ihr Interesse teilen und fest entschlossen sind, dieses Projekt „Kinderbüro“ auf den Weg zu bringen. Es könnten Personen aus diesen Kreisen sein:
- Kolleginnen und Kollegen
- Eltern Ihrer Kinder
- Elternverein
- Fachberater und Träger
- Erziehungsberater
- Berater der Sozialdienste am Ort
- Leute der Nachbarschaftshilfe
- Studenten oder Dozenten einer Fachschule oder Fachhochschule der Sozialpädagogik
- Angestellte des Jugendamtes
- Sozialarbeiter
- Streetworker
- Gemeindediensthelferinnen
- Leute aus dem Gemeinde- oder Kirchengemeinderat.

Auch die Kinder kommen zu Wort

Na klar, auch die Kinder sollen ihre Meinungen, Erwartungen und Träume zu ihrem Kinderbüro äußern! Übrigens: Manchmal sagt ein Wunschtraum eines Kindes mehr aus als alle erklärenden Worte.
Organisieren Sie Kinderbefragungen in allen Kindergärten und Schulen an Ihrem Ort, auch im Hort und auf Spielplätzen, auf der Straße, im Einkaufsviertel, vor Lagerhallen und in Hinterhöfen. Es lohnt sich, genau zu überlegen, wer welche Kinder am besten ansprechen kann, zu wem sie Vertrauen haben. Die Fragestellungen sollten abgesprochen sein, damit später die Aussagen verglichen und gemeinsame Interessen gefunden werden können.

Die Fortsetzung der Projektbeschreibung finden Sie auf der nächsten Seite.

Die Besprechungen

Bedarf und Interesse
Welche speziellen Probleme gibt es vor Ort? Ist etwas passiert, zum Beispiel Kindesmißhandlung? Bahnen sich Konflikte an, zum Beispiel zunehmende Gewalt unter den Kindern der Wohnviertel? Sind Probleme verhersehbar, zum Beispiel durch die zunehmende Verarmung der Familien?
Solche Fragen nach Bedarf und Interessen sollten Sie mit Ihrer Initiativgruppe klären. Je klarer die Aussagen, desto einfacher wird es sein, das Projekt anderen vorzustellen und weitere Mitarbeiter zu gewinnen.

Genaue Planung
Formulieren Sie gemeinsam mit der Initiativgruppe Ihre Ziele, machen Sie Zeitpläne, wer was bis wann macht. Setzen Sie enge Termine, damit die Sache am Anfang rasch vorankommt und erste Ergebnisse den Arbeitseifer belohnen. Halten Sie die geplanten Arbeitsschritte schriftlich fest, jeder bekommt eine Kopie davon, jeder sollte eine Aufgabe übernehmen. Es zählt nicht nur der gute Ratschlag, sondern auch das Handeln!

Die Initiative

Liegt ein Bedarfs- und Interessenspiegel vor (siehe vorhergehende Seite), kann das weitere Vorgehen mit der Initiativgruppe konkreter besprochen werden, zum Beispiel dies:

Die Berater

- Wie können die Kinder bei der Planung und Realisierung ihres Kinderbüros einbezogen werden?
- Welche Personen und Fachleute können mit ihrer Beratung und Mithilfe das Projekt unterstützen?
- Wer kann bei den finanziellen und juristischen Fragen beraten? Auch ehrenamtlich?
- Kann eine bestehende Organisation die Trägerschaft übernehmen?
  Ist es sinnvoll, einen eigenen Verein zu gründen, oder könnte es das Jugendamt sein, die Kirchengemeinde, das Rote Kreuz, kleinere ortsgebundene Organisationen oder spendenfreudige Betriebe des Ortes? Sie brauchen keine Berührungsängste vor Industrie- und Wirtschaftsunternehmen zu haben, ehrliche Gespräche klären am Anfang die beiderseitigen Interessen.

Die Mitarbeiter

- Wer sind die aktiven Betreuer und Mitarbeiter im Kinderbüro, zu wem haben die Kinder Vertrauen? Das muß man die Kinder selber fragen!
- Mit welchen Ämtern und Fachkräften könnte das Kinderbüro zusammenarbeiten und notfalls Hilfe und Unterstützung einholen? Da muß man nun die Mitarbeiter fragen, zu wem sie Vertrauen haben.
- Wie werden die Mitarbeiter geschult, betreut, beraten?
- Wieviel Zeit pro Woche kann jeder investieren? Vielleicht jeder jeweils zwei Stunden pro Woche?
- Reicht das Spendengeld für die Bezahlung einer Halbtagskraft aus?
- Und was können die Kinder tun? Zum Beispiel überall auf den Straßen und Spielplätzen von dem neuen Kinderbüro erzählen, Plakate und Handzettel gestalten, kopieren und verteilen.

Der Raum

Wo könnte das Kinderbüro eingerichtet werden? Im Kinderhort, im Kindergarten, in der Schule, im Rathaus, im Bahnhof, im Einkaufszentrum, im Kino?
Auch dazu werden die Kinder gefragt, und der nächste Ausflug führt zu den angebotenen Räumen und Örtlichkeiten. Klar, daß die Kinder auch bei der Raumgestaltung mitwirken, denn dazu haben sie nicht nur konkrete Vorstellungen und Ansprüche, sondern auch praktische, phantasievolle Ideen.

Mobiles Kinderbüro

Diese etwas ungewöhnliche Idee könnte auch Ihre pädagogische Phantasie ankurbeln:
Das Kinderbüro ist in einem ausgedienten Wohnmobil eingerichtet. Es ist knallbunt angemalt, so daß die Kinder es schon von weitem erkennen. Es steht genau dort, wo die Kinder sind, mal am Spielplatz, mal am Baggersee, Stadtpark, Dorfplatz, Rummelplatz oder Fußballplatz, eben immer wieder woanders.

Öffentlichkeitsarbeit

Das ist keine Frage: Die Presse kann Ihr Vorhaben mit Berichten, Umfragen und Interviews bestens unterstützen. Erfahrungsgemäß machen die Redakteure einer Lokalpresse gerne bei solchen Initiativen mit. Endlich ist was los am Ort, endlich wird etwas bewegt!

Zukunftsmusik

Ein Projekt, das klein beginnt, kann mit den Jahren und Erfahrungen und Erfolgen größer werden:
Aus dem kleinen bunten Wohnmobil kann ein Büro in der Fußgängerzone werden, als feste Einrichtung der Gemeinde. Die ehrenamtlichen Helfer könnten Unterstützung bekommen durch einen vom Jugendamt eingestellten Sozialpädagogen. Aus den zaghaften Kinderbesuchen kann eine vertraute und oft besuchte Anlaufstelle für die Kinder werden, die später als Jugendliche mitmachen. Aus den Besprechungen der Mitarbeiter werden Stadtteilkonferenzen, in denen Kindergärten, Schulen, Sozialdienste, Beratungsstellen und Sozialämter sich engagieren.

Also, der erste kleine Schritt lohnt sich bestimmt (beschrieben auf Seite 98)!

Post und Bank

Wo viele Leute ein und aus gehen

Auf dieser Seite wird beschrieben, wie die Besuche und Begegnungen in einer öffentlichen und einer privaten Einrichtung ablaufen könnten.

Postspiel

Die Faszination bei dem guten, alten Postspiel ist immer noch groß! Also, lassen wir die Kinder erst ihre Spielphantasien ausleben. Danach können sie dann ihre Spielwelt mit der realen Welt vergleichen. Das Postspiel bauen die Kinder selber auf:
Der Tisch ist der Postschalter, er bekommt einen Aufbau aus Karton, dessen Boden herausgetrennt wurde. Hinter dem Schalter geht gleich die Arbeit los: Briefmarken müssen gemalt und mit einer Zickzackschere ausgeschnitten werden. Die Stempel werden aus Moosgummi zugeschnitten und auf einen Weinkorken geklebt, damit man heftiger stempeln kann. Das Stempelkissen ist eine Schale mit Fingerfarben. Wer es noch nicht weiß: Das Stempeln ist das Schönste bei der Tätigkeit hinter dem Postschalter. Briefumschläge werden geklebt oder alte Umschläge noch einmal in Betrieb genommen. Jedes Kind kritzelt viele Briefbögen voll. Als Päckchen werden Schachteln in Packpapier eingewickelt. Bezahlt wird mit Chips des Flohhopfspiels, pro Briefmarke ein Chip. Wer kein Geld mehr hat, muß sich welches als Postbeamter hinter dem Schalter verdienen. Jedes Kind soll mal Briefmarken verkaufen und stempeln!
Und wer Postbote ist und die Briefe austrägt, das muß auch noch geklärt werden.

In der Realität

Nach so viel Posterfahrung wissen die Kinder genau, was sie beachten und fragen wollen, wenn sie ein richtiges Postamt betreten. Der Besuch ist angesagt und abgesprochen. Die Kinder dürfen vielleicht hinter den Postschalter gehen und in den Lagerraum schauen, wo die Briefsäcke und Paketwagen für den Weitertransport bereitstehen.
Der Postsack sieht ja aus wie der vom Nikolaus! „Bist du der Nikolaus?“ – das zum Beispiel ist dann eine Kinderfrage an den Postbeamten.
Und wie wäre es damit: Jedes Kind bekommt einen Poststempel auf die Hand gedrückt, das hält den ganzen Tag!

Bankgeschäfte

Da sind die Kinder ein bißchen aufgeregt: Ob ein Bankräuber sie überfallen wird? Das ist ihre größte Sorge! So kennen sie es vom Fernsehen! Der Bankangestellte ist auf diesen Besuch vorbereitet und weiß die Kinder zu beruhigen. Es gibt eine Alarmanlage und Überwachungskameras. Wie gut!
Jetzt können sich die Kinder also den Bankgeschäften widmen, genauer gesagt, sie schauen zu, wie Sie dort einiges erledigen. Der Bankangestellte ist Ihr Spielpartner, denn Spiel und Realität vermischen sich, zum Beispiel so:
Sie heben Geld ab, um Bastelmaterial zu kaufen. Ist es viel, ist es wenig? Geld für einen Hauskauf könnte die Bank nicht herausgeben, so viel hat sie nicht, oder vielleicht doch? Aber Geld für Bastelmaterial ist ein kleiner Betrag, das geht einfach. Also wird ein Formular ausgefüllt, Sie unterschreiben, gehen zum Geldschalter und nehmen das Geld in Empfang.

Die Sache mit dem Geldverdienen

Der Geldschalter ist mit Panzerglas gesichert, die Türe von innen abgeschlossen, da kommt keiner rein. In den Fächern stapeln sich die Geldscheine und lassen die Kinderaugen gierig aufblitzen. Damit es kein Mißverständnis gibt: Es ist das Geld von vielen, vielen Leuten, die alle hier in der Gemeinde wohnen. Sie haben das Geld mit ihrer Arbeit verdient und hier zur Aufbewahrung abgegeben.

Was es noch zu tun gibt

Sie könnten einen Geldschein von Ihrem letzten Urlaub aus der Handtasche hervorkramen. Kann der gewechselt werden? Der Herr hinter dem Panzerglas wird den Geldschein genau anschauen, das Wasserzeichen überprüfen, den DM-Betrag ausrechnen und Ihnen das getauschte Geld geben.
Lassen Sie noch private Überweisungen ausschreiben, die Sie extra für diesen Tag zurückgelegt haben. Und heben Sie von Ihrem Sparkonto 5 DM ab. Die lassen Sie auch gleich so wechseln, daß Pfennige dabei sind.

Jedes Kind bekommt von Ihnen einen blanken Kupferpfennig geschenkt, es soll ein Glückspfennig sein. Bald wird es keine Pfennige mehr geben, sondern Cents. Dann ist die kleine Münze noch viel mehr wert.

Polizei und Feuerwehr

Polizei und Feuerwehr sind längst in der Spielwelt der Kinder einquartiert, und die Polizei- und Feuerwehrautos rasen unter lautem „Tatü-Tata!"-Gebrüll über den Bodenteppich. Und weil es auch viele Kindersachbücher zu diesen beiden Themen gibt, wissen die Kinder gut Bescheid. Deshalb sind hier nicht so sehr die Sachinformationen aufgeführt. Auch auf Sensationsbeschreibungen wie lodernde Feuer und schießende Verbrecher wird verzichtet, das kennen die Kinder zur Genüge aus den Fernsehnachrichten und von Videospielen. Der Blickwinkel ist dieser: Es geht um die Menschen, die eine verantwortungsvolle Arbeit verrichten!

Die Feuerwehrmänner

Die Feuerwehrleute werden nicht nur zum Löschen von Bränden gebraucht, sondern auch zu anderen Hilfseinsätzen geholt, zum Beispiel bei Unfällen, zur Rettung und Bergung von Menschen und Tieren, oder wenn Benzin oder Öl ausfließt, Keller unter Wasser stehen, Gefahrenstellen beseitigt werden müssen.

Bei jedem Alarm müssen die Feuerwehrmänner alles liegen und stehen lassen, losrennen, ihre Schutzanzüge anziehen, zum Feuerwehrauto eilen. Und dann die bangen Erwartungen: Was ist geschehen, werden sie großes Leid mitansehen müssen, wird es für sie gefährlich sein, kommen sie unverletzt wieder zurück?
Auch die Frauen und Kinder der Feuerwehrleute haben diese Gedanken und manchmal schreckliche Angst um den Papi!
Wenn die Kinder das hören, dann verstehen sie, daß die falschen Feueralarme sehr schlimm sind!

Ein Treffen planen

Wollen die Kinder einen Feuerwehrmann in seinem Büro besuchen? Soll er lieber in den Kindergarten oder in die Schule kommen? Wollen die Kinder sich in Gruppen aufteilen, so daß jede Gruppe einen anderen Feuerwehrmann interviewt? Wie werden die Kinder ihren Besuch anmelden, per Telefon oder Brief?

Die Polizisten

Auch hier macht es Sinn, in Vorgesprächen und Spielen den Kindern die Arbeit und den Alltag eines Polizisten vertraut zu machen. Dann werden die Kinder beim vereinbarten Treffen interessierter zuhören und gezielter ihre Fragen stellen. Und aus einer distanzierten Faszination gegenüber einer Person, die mit der Pistole in der Hand einen Verbrecher jagt, wird eine Begegnung voller Vertrauen, Aufmerksamkeit und Anteilnahme. Und darauf kommt es an!
Was also hat ein Polizist alles zu tun? Die Kinder tragen zusammen, was ihnen dazu einfällt. Es sind die Geschichten, die sie von den Erwachsenen gehört, im Fernsehen gesehen, in Bilderbüchern betrachtet oder sogar selbst beobachtet und erlebt haben. Und weil die Berichte so aufregend sind, ist diesmal die Kuschelecke nicht der richtige Platz für ein Gespräch! Da muß man schon auf Stühlen sitzen, um notfalls auch mal aufspringen und mit ausladenden Bewegungen weitererzählen zu können.

Was die Kinder noch sagen wollen!

Es gibt noch etwas, was die Kinder mit dem Polizisten besprechen wollen:

Da kommen wir nie über die Straße!
In der Nähe ist eine gefährliche Straßenecke! Darauf wollen die Kinder den Polizisten aufmerksam machen und sich über die wilden Autofahrer beklagen! Wird eine Lösung gefunden?

Alles ist verboten!
Aus der Spielwiese ist Baugebiet geworden, abgesperrt, mit vielen Verbotsschildern. Und wo sollen die Kinder nun spielen? Ein Polizist kennt jeden Winkel, davon sind die Kinder überzeugt! Er muß ja schließlich auch die Diebe und Verbrecher finden! Also: „Herr Polizist, wo können wir jetzt spielen?" Kinderfreundliche Polizisten fühlen sich bei dieser Frage angesprochen.

Das haben wir nicht kaputtgemacht!
Das berichten die Kinder dem Polizisten nur dann, wenn sie zu ihm Vertrauen gefunden haben: Wie die Erwachsenen damals die Köpfe zusammensteckten, auf die Kinder zeigten und behaupteten, daß sie das mit Absicht kaputtgemacht hätten. Aber das stimmt nicht, es ist aus Versehen passiert! Keiner hat es damals geglaubt, auch der Polizist nicht!

Jimmy Zylinder und seine neun Kinder

Ein Zettel: „Ball spielen verboten!“
hing plötzlich einmal auf dem Hof,
doch Jimmy Zylinder und seine neun Kinder,
die finden Verbotsschilder doof.
Sie malten mit Pinseln und Farben
die Hofwände kunterbunt voll.
Und Jimmy Zylinder rief: „Stimmt’s, liebe Kinder,
mit Ball spiel’n ist längst nicht so toll!“

„Den Rasen betreten verboten!“
stand riesengroß auf einem Schild.
Doch Jimmy Zylinder und seine neun Kinder,
die lächelten einfach nur mild.
Mit Skatern und Rädern und Rollern
sind sie über’n Rasen gezischt.
Und Jimmy Zylinder rief: „Fahrt ruhig, Kinder,
nur bitte, betretet ihn nicht!“

„Hier Fahrräder abstell’n verboten!“
Das Schild hing im Hausflur herum.
Doch Jimmy Zylinder und seine neun Kinder,
die fanden das Schild ziemlich dumm.
Bald standen im Flur ihre Möbel,
Aquarium, Sofa und Katz.
Und Jimmy Zylinder rief: „Stimmt, liebe Kinder,
für’n Rad ist hier eh nicht mehr Platz!“

„Für Hunde ist Zutritt verboten!“
stand mal an ’ner Kirchentür dran.
Doch Jimmy Zylinder und seine neun Kinder,
die sah’n das Schild kopfschüttelnd an.
Sie kamen mit Enten und Hühnern
und Ziegen zurück nach ’ner Stund.
Und Jimmy Zylinder sprach: „Tröstet euch, Kinder,
zum Glück haben wir keinen Hund!“

Arztpraxis und Krankenhaus

Erfahrungsaustausch

Welche Erlebnisse hatten die Kinder mit Ärzten? Für Kinder ein bewegendes Thema, darüber können sie alle berichten, und heftige Gefühle kommen hoch. Die Kinder haben für diesen Erfahrungsaustausch viel Zeit – und für die Gefühle freien Lauf.

Und Sie werden dabei alle Informationen erhalten, die Sie für die geplanten Begegnungen mit den Ärzten wissen sollten, zum Beispiel, wenn einem Kind große Angst gemacht oder es schlecht behandelt wurde. Solche Erfahrungen gilt es nämlich zu korrigieren.

Vielleicht aber kann ein Kind auch von einem lustigen und supertollen Arzt erzählen, na prima! Das macht auch den anderen Kindern Mut, den wollen sie kennenlernen! Warum nicht? Vielleicht hat er seine Praxis um die Ecke?

Angst aus Unsicherheit

„Muß das sein? Wie schrecklich! Nö, da will ich nicht mit, da habe ich Angst!“ Es könnte sein, daß die Kinder so reagieren, wenn Sie vorschlagen, eine Arztpraxis oder das Krankenhaus zu besuchen. Aber wäre das nicht erst recht ein Grund, mit den ängstlichen Kindern diese Stätten aufzusuchen, damit sie die Menschen dort kennenlernen und erleben, daß da auch freundliche, lustige Leute dabei sind? Vielleicht gelingt es Ihnen mit diesen Argumenten, die Zustimmung der Kinder zu gewinnen. Wenn nicht – lassen Sie's und warten eine Situation ab, bei der die Kinder von sich aus danach fragen.

Begegnungen mit Ärzten

Welche Arztpraxen oder Krankenhäuser gibt es im Ort oder in der Nähe, welche Ärzte sind für den Kindergarten oder die Schule zuständig? Kennen Sie persönlich einen Arzt, oder sind Eltern Ärzte oder gehören zum Krankenhauspersonal? Das wären bei diesem geplanten Projekt anfangs Ihre Partner.
Das Vorgehen ist gleich, wie schon mehrmals beschrieben (siehe zum Beispiel Seite 60). Wenn Sie den Ärzten von Ihrem Projekt erzählen und auch Ziel und Zweck der Begegnungen erklären, dann werden diese sicher mehr Zeit für die Kinder haben. Dann dürfen die Kinder vielleicht in alle Räume der Arztpraxis spicken, beim Zahnarzt auf den Stuhl klettern, beim Augenarzt durch die Gläser schauen, und vom Orthopäden ziehen sie mit einem Pflaster auf dem Zeigefinger wieder ab.
Die Kinder sollten verschiedene Arztpraxen kennenlernen, um so Erfahrungen mit unterschiedlichen Ärzten zu machen.

Ausflug ins Krankenhaus

Suchen Sie hier nach einer Person, die Freude daran hat, den Kindern das Krankenhausgebäude zu zeigen, und auch die aufgeregten Kinderherzen zu beruhigen weiß. Das könnte zum Beispiel jemand von der Sozialstation des Krankenhauses sein.
Vielleicht ist es eine Hilfe, wenn Sie den möglichen Ablauf des Besuches absprechen. Machen Sie miteinander einen Zeitplan und überlegen auch genau, welche Wege, Gänge und Räume die Kinder gehen und sehen können, welche Ärzte für die Begegnungen mit den Kindern geeignet sind, wo die Kinder warten können, wenn der Arzt plötzlich gerufen und gebraucht wird, welche Krankenschwester gut mit den Kindern umgehen kann und Zeit hat, von ihrer Arbeit zu erzählen, und welche anderen Mitarbeiter mit den Kindern reden könnten und ihnen vor allem die Angst vor dem Krankenhaus nehmen.
Gibt es auch eine Kinderstation? Dort könnten die Kinder Besuche machen und mit den kranken Kindern etwas spielen. Dürfen die Kinder auch hinter der Glaswand die Neugeborenen in ihren Bettchen sehen?

Schulen für kleine und große Leute

Andere Kindergärten

Bevor die Kinder es wagen, das Terrain von Schulen zu betreten, ist es sinnvoll, wenn sie ihre neugierigen Nasen erst einmal in andere Kindergärten stecken. Mit diesen Erfahrungen werden sie dann mutig die Lernstätten der Großen besuchen wollen. Also:

- Welcher Kindergarten ist in nächster Nähe?
- Besteht Interesse an einem Besuch?
- Könnte daraus sogar ein gemeinsames Projekt werden?
- Wer besucht wen zuerst?
- Bei den Vorbereitungen machen die Kinder natürlich mit, denn in puncto Kindergarten kennen sie sich bestens aus!

Vorbereitung

Für ihren Besuch wählen die Kinder ein paar Spielsachen aus, die sie den anderen Kindern mitbringen und zeigen wollen. Gibt es auch Lieder, Spiele, Tänze, die sie den anderen Kindern vorspielen wollen? Auch das ist ein tolles Mitbringsel: Die Kinder bringen ihre Lieblingsgeschichte mit, die Sie vorlesen oder erzählen.
Und was die fremden Kinder in dem anderen Kindergarten vorbereiten, das wird dann die Überraschung sein!

Die Grundschule

Wie gut, daß in der Grundschule ehemalige Kindergartenkinder sind! Die werden Ihnen bestimmt bei dem geplanten Besuch zur Seite stehen. Und die Grundschullehrerin kennen Sie vielleicht auch schon und haben mit ihr gesprochen, als es um die Schulanfänger ging. Wenn nicht, so könnte das für Sie ein praktischer Nebenaspekt sein!
Also, laden Sie ein paar „Ehemalige" in den Kindergarten ein. Die Kleinen werden den Schülern ein Loch in den Bauch fragen. Draußen im Garten, auf einer Decke sitzend, mit einer Limo in der Hand, ist so ein Gespräch gemütlicher. Und wenn dann die Schüler und Kindergartenkinder gemeinsam den Besuch in der Schule aushecken, dann ist die Sache beinahe gelaufen – und Ihre guten Ideen will keiner mehr hören! Ihnen bliebe nur noch die Aufgabe, die Lehrerin und den Schulleiter für dieses Vorhaben zu gewinnen und Zeit und Ablauf genau festzulegen.

Das Gymnasium

Nanu, die großen Schüler trauen ihren Augen nicht, da wandern doch kleine Kerlchen im Schulhof herum? Es sind die Kindergartenkinder, die zu zweit oder dritt einen mutigen Gang über den Schulhof wagen und die Großen anguk-ken. Werden sie auch einen ansprechen? Das haben die Kinder in Rollenspielen im Kindergarten ein paarmal geübt: „He, du, kann ich dich mal etwas fragen? Wie alt bist du? Was machst du hier am liebsten? Kannst du auch am Computer lernen? Was ißt du als Pausenbrot?" So ähnlich könnten die Pausengespräche mit den Schülern ablaufen.
Ein buntes Plakat am Schuleingang kündigt den Besuch der Kindergartenkinder an. Da ist dann auch zu lesen, daß die Kinder durchs ganze Gymnasium ziehen und Klassenzimmer, Fachräume und auch das Lehrerzimmer anschauen werden. Einfach so, aus Interesse!

Andere Ausbildungsstätten

Wo lernen die Erwachsenen, wie geht es da zu? Das wollen die Kinder schon selber in Augenschein nehmen! Also, wir machen dorthin einen Ausflug, das Ziel kann eine Gewerbeschule, Fachschule, Fachhochschule, Volkshochschule oder Uni sein.
Wie lange könnte so eine Besichtigung dauern? Eine Stunde genügt! Am besten in der Pausenzeit, dann werden die Kinder auf den Gängen vielen Studenten begegnen und können auch in die Räume schauen, ohne den Lehrbetrieb zu stören.

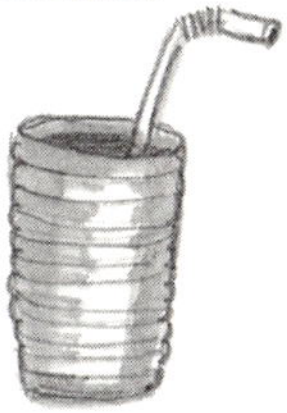

Und was dort tun?

Einfach durch die langen Gänge spazieren, die großen Säle sehen, die technischen Ausstattungen betrachten, in die Eingangshalle der Bibliothek schauen und in der Mensa einen Kakao trinken. Zwar verstehen die Kinder von dem regen Treiben nur wenig, aber sie wissen jetzt, wo die Erwachsenen sind, wenn sie ihren Beruf erlernen! Das genügt.

Kunst und Kultur

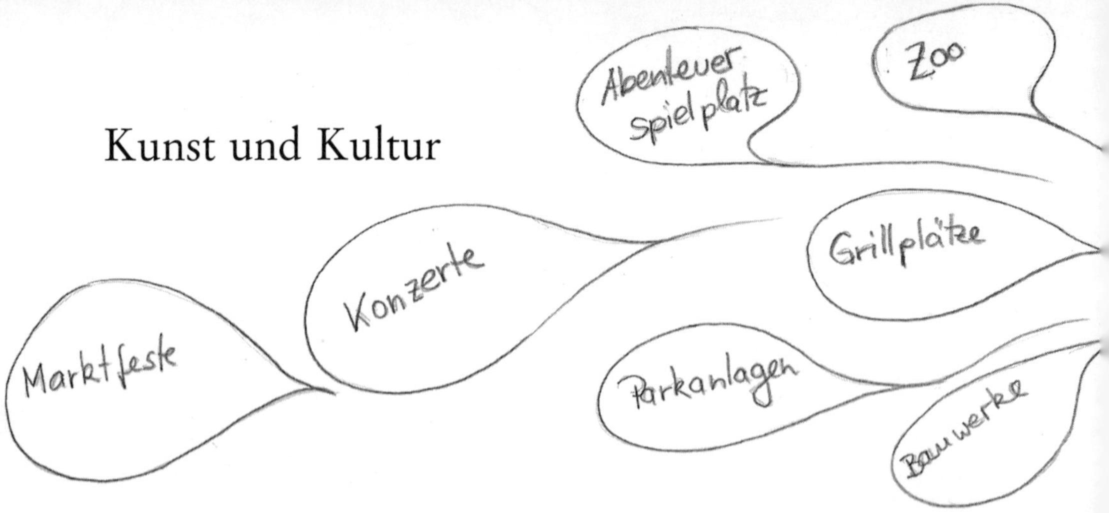

Freizeitangebote

Was kann man am Nachmittag, am Abend, am Wochenende, an Feiertagen oder in den Ferien alles unternehmen? In einer Großstadt gibt es jetzt viel aufzuzählen, in einer Kleinstadt weniger und in einem kleinen Dorf noch weniger. Aber überall gibt es kulturelle Ereignisse und Besonderheiten, die es wert sind, daß die Kinder sie kennenlernen und bewußt wahrnehmen.
Wollen Sie zuerst nach den Erfahrungen der Kinder fragen? Das könnte eine Frage sein: „Was habt ihr am Wochenende gemacht?“ Das könnte auch diese Frage sein: „Wer war schon einmal in einem Museum, einem Theater, einem Konzert oder einer Ausstellung?“
Und das könnte die passendste Frage sein: „Stell dir vor, deine Familie geht am Sonntagnachmittag aus, und du darfst sagen, wohin es geht!“ Jetzt ist die Phantasie der Kinder erreicht, und das, was sie wissen, ist mit dem, was sie sich wünschen, phantasievoll verknüpft.

Kulturelles Erbe

Stellen Sie eine umfassende Liste von allen Sehenswürdigkeiten und kulturellen Angeboten Ihres Ortes zusammen. Das ist Ihr Spickzettel für viele kleine Geschichten, die Sie in den nächsten Tagen den Kindern erzählen. Malen Sie phantasievoll die historischen Bauwerke und kulturellen Angebote Ihrer Gemeinde aus, damit die Kinder neugierig werden und eines Tages diese Besonderheiten selber sehen und erleben wollen. Darauf haben Sie ja nur gewartet! Jetzt können Sie mit den Kindern losziehen und am Kulturleben teilnehmen.
Das zum Beispiel gehört dazu: Historische Bauwerke, alte und neue Denkmäler und Kunstwerke, Ausstellungen, Museen, Musik- und Theater-Veranstaltungen, auch das Marionetten- und Kasperltheater, Marktfeste, Kinderfeste, Umzüge, Zirkus und Zoo, Konzerte, auch Platzkonzerte der Blaskapelle und Aufführungen der Jugendmusikschule und alte Gärten, schöne Parkanlagen, Grillplätze und Aussichtspunkte.

Im Verkehrsamt

Die Kinder spielen Touristen und ziehen als Reisegruppe durch den Ort, geradewegs ins Verkehrsamt, Touristenbüro, Reisebüro oder Informationszentrum. Dort fragen sie nach, was man an diesem Ort alles sehen und besichtigen kann.
Die Leute im Verkehrsbüro haben auf diesen Ansturm bereits gewartet, der Zeitpunkt war vorher vereinbart. Und das zum Beispiel könnte dann passieren:

Frau Frey hat sich auf dieses Treffen vorbereitet. Sie begrüßt die Kinder und teilt jedem einen Prospekt aus. Die Kinder blättern darin, schauen die Fotos an und überlegen, ob sie einen Platz oder ein Gebäude erkennen? Dann führt Frau Frey die Kinder vor den Stadtplan, den sie an einer Wand aufgehängt hat – und nachher den Kindern mitgeben wird. Mit dickem Rotstift kreist sie alle Sehenswürdigkeiten, Bauwerke, Plätze, Parks und Museen ein und erklärt, was es da zu sehen gibt, was das Besondere oder Seltsame oder Wichtige dabei ist. Vom Stadtmuseum hat sie einen Sonderprospekt, und in einem extra Programmheft sind alle Ausstellungen, Konzerte und Sonderveranstaltungen des Ortes aufgeführt.
Die Kinder hören aufmerksam zu, und nachher sagt jeder, was ihn am meisten interessiert. Jetzt sind Sie an der Reihe und notieren die Kinderinteressen. Danach wird abgesprochen und abgestimmt, was die Kinder als erstes besuchen oder anschauen wollen, und zwar gleich nächste Woche.

Kinderkulturprogramm

Eine Großaktion beginnt

Gibt es auch ein Programmheft mit extra Veranstaltungen und Besonderheiten für Kinder? Nein? Das könnte ein Projekt werden, das Sie zusammen mit dem Verkehrsbüro planen. Vielleicht bekommen Sie dazu Lust, wenn Sie folgendes lesen:

Alle machen mit!

Die Kinder sammeln alle wichtigen Informationen über Sehenswürdigkeiten und Veranstaltungen, die im Ort und nahen Umkreis angeboten werden. Ein Mitarbeiter aus dem Verkehrsbüro wird mit zusätzlichen Unterlagen dazu beitragen. Die Kinder werden ab jetzt viele Ausflüge machen. Es gibt ja so viel anzuschauen, daß dafür sogar Wandertag und Jahresausflug herhalten. Das steckt an, und so werden nach einem Info-Nachmittag auch Familien mitmachen und dieses Projekt mit ihren Wochenend-Ausflügen unterstützen. Und wenn ein Artikel im Gemeindeblatt oder in der Tagespresse darüber informiert und andere zum Mitmachen aufruft, dann werden sich vielleicht Jungschar, Pfadfinder, Spielkreise und Wandergruppen diesem Vorhaben anschließen.

Extra-Blatt

Dieses Blatt wird an alle ausgeteilt, die an dieser Kinderprogramm-Aktion mitmachen. Egal, ob die Kinder die Fragen selber beantworten oder ihre Eltern das Formular ausfüllen. Wichtig ist nur, daß die Informationen bei der Auswertung vergleichbar sind und in einem Kinderkulturprogramm zusammengefaßt werden können.

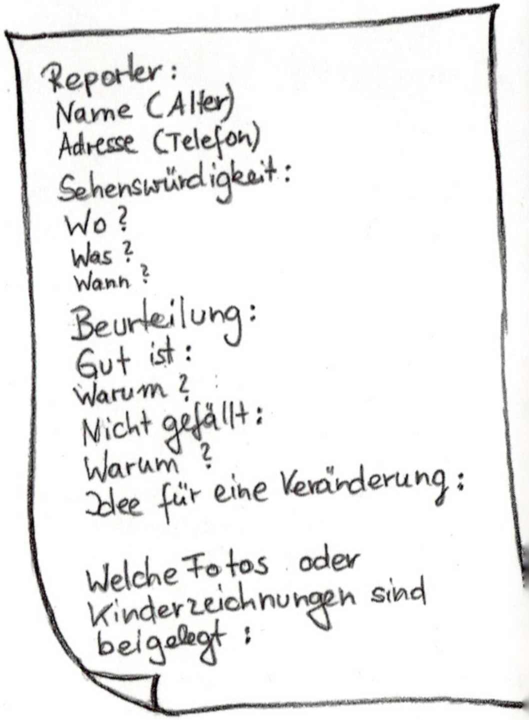

Aufgabenverteilung

Jetzt müssen die Aufgaben verteilt werden, zum Beispiel das:

- Auswerten und Auflisten aller Informationen: jede Veranstaltung, jede Sehenswürdigkeit, jedes Museum, jedes kulturelle Ereignis;
- Zusammenfassung der vielen einzelnen Kinderkommentare zu jeweils einem Kurzkommentar pro Veranstaltung oder Sehenswürdigkeit;
- Adressen, Termine oder Öffnungszeiten überprüfen;
- Sortieren und Zuordnen der Fotos, Kinderzeichnungen und Kurzkommentare zu den entsprechenden Sehenswürdigkeiten oder Veranstaltungen.

Der Kulturverein des Ortes oder eine Initiativgruppe der Volkshochschule könnte die Umsetzung dieser Idee tatkräftig unterstützen und Sie entlasten.

Das Programmheft

Ob das Kinderkulturprogramm auf einem Faltblatt gedruckt wird oder ob eine kleine Broschur, ein Jahreskalender oder ein Taschenbuch daraus wird, das kommt ganz darauf an, wie groß der Ort ist, wie umfangreich die Informationen sind und wer die Druckkosten übernimmt. Eine Anzeige im Gemeindeblatt oder ein Projektbericht in der Tagespresse fordert Sponsoren auf, sich zu melden.

Lebendiges Kulturleben

Erinnern Sie die engagierten Mitarbeiter immer wieder an das Ziel dieser Aktion: Es geht darum, daß die Kinder ihren Ort kennenlernen und erleben, was es zu sehen und zu bewundern gibt, auch daß die Kinder den Erwachsenen mitteilen, was sie interessiert und was sie langweilig finden oder was sie sogar stört, was sie vermissen und was sie sich wünschen. Das könnten zum Beispiel andere Öffnungszeiten im Museum sein oder ein Kinderpopkonzert am Nachmittag, eine Kinderkinowoche in den Ferien, ein Märchentheaterspiel an Weihnachten, eine Führung im Heimatmuseum, wo man die Sachen anfassen darf. Und warum soll das alles nicht machbar sein?

Kinderkunst

Die küstlerische Vorgeschichte

Wenn die Kinder erst einmal Kunstobjekte am Ort gesehen haben, kommen sie vielleicht auf die Idee, auch ein besonderes Kunstwerk erschaffen und dem Ort vermachen zu wollen. Warum nicht? Ein Geprach mit der Stadtverwaltung oder mit dem Bürgermeister wird rasch klären, in welcher Art und Weise die kleinen Künstler den großen Künstlern nacheifern können. Dazu drei Beispiele, die Sie zur Erläuterung des Vorhabens oder als Ideen in die Gespräche einbringen können.

Das wäre für die kleinen Künstler herrlich aufregend, wenn bei der Erstellung ihrer Kinder-Kunstwerke auch große Künstler mitmachen würden (Anregungen für erste Kontakte siehe Seite 62).

Lichtobjekte

Diese Kunstobjekte sind zur Zeit hoch im Kurs, eine Art künstlerische Modeerscheinung, und auf Vorplätzen von öffentlichen Gebäuden, in kleinen Parkanlagen, in Fußgängerzonen oder auf Marktplätzen zu bewundern. Die handwerklich-technische Machart kann so vereinfacht werden, daß die Kinder mithalten können, die künstlerische Wirkung hingegen bleibt erhalten.

In der Künstlerwerkstatt:
Drei bis fünf dünne Stecken oder Bambusstangen wie ein Zelt zusammenstellen und die Spitze mit einem Draht umwickeln. Diese Stangenzelte können 1 bis 2 m hoch sein. Unten zwischen den Zeltstangen, als Querverbindungen, Stäbe anbringen, an diese werden Glühbirnenfassungen montiert.
Der Lampenschirm ist ein dünner Stoff, der wie ein Zeltmantel zusammengenäht oder geklebt und über die Zeltstangen gezogen wird (siehe Zeichnung). Er kann vorher gebatikt oder mit Stoffarben oder anderen wasserfesten Farben bemalt werden.

Windobjekte

Das Ausstellungsgelände dieser bewegten Kunstobjekte ist ebenfalls dort, wo Leute sich treffen und ihre Freizeit verbringen.

In der Künstlerwerkstatt:
Jeder kleine Künstler bekommt einen Stoff, 1 bis 2 m lang, 50 bis 100 cm breit. Alle Stoffe können auch unterschiedliche Größen und Formen haben. Eine Seite des Stoffes bekommt einen breiten Saum, der am Anfang und Ende offen bleibt, damit ein Stab hindurchgeschoben werden kann. Der Stoff wird mit wasserfester Farbe bemalt oder gebatikt, zum Trocknen aufgehängt, dann auf den Stab aufgezogen, festgenagelt und mit einer Schnur wie eine Fahne aufgehängt, zum Beispiel zwischen Bäume oder Laternenpfähle, entlang an Hecken, Gartenzäunen oder Mauern, oder kreuz und quer zwischen den Dächern einer schmalen Häusergasse.

Zaungäste

Ja, sie stehen wirklich am Zaun und schauen unentwegt zu denen herüber, die im Park spazierengehen, im Rathauscafé gemütlich Kaffee trinken oder in der Fußgängerzone einen Einkaufsbummel machen. Es sind Holzlattenfiguren, dünn und lang wie Lattenzäune, bunt und lustig angemalt.

In der Künstlerwerkstatt:
Aus Dach-, Zaun- oder Regal-Latten und Abfallholz werden die Figuren zusammengebaut, so groß wie die Kinder oder noch größer. Nasen und Ohren sind angeleimt, Mund und Augen aufgemalt. Die Beine werden auf die stabile Holzlatte gemalt, die Arme sind extra Stäbe und werden angeleimt oder genagelt.
Die Holzkerle und Lattendamen bekommen noch eine Kleidung aufgemalt, zum Beispiel Ringelpulli und Tüpfelhose, Hauptsache bunt! Wer keine wasserfesten Farben hat, muß nachher alles mit farblosem Lack überstreichen. Nur die alten Hüte, Nickitücher und Schals sind echt und stammen aus der Theaterkiste.

Die Kirchengemeinde

Alles klar!

„An was glaubst du?"
„Ich glaube, daß morgen meine Oma kommt!"
„Nein, ich meine, in welche Kirche gehst du?"
„Ich gehe in keine Kirche, ich gehe nach Hause!"
„Nein, ich meine, welcher Religion gehörst du an!"
„Ich gehöre keiner Religion, ich gehöre meiner Mami!"

Lernziel: Toleranz und Akzeptanz

Es macht keinen Sinn, mit kleinen Kindern ein Gespräch über Glauben, Kirche und Religion anzuzetteln oder die Unterschiede der verschiedenen Religionen erörtern zu wollen. Und voll daneben wäre die Diskussion, welche Glaubensauffassung besser oder schlechter ist. Das sind die typischen Probleme der Erwachsenen – verschonen wir die Kinder damit! Wir sollten ihnen nicht die Unterschiede, sondern die Gemeinsamkeiten der Religionen und des religiösen Lebens aufzeigen und sie darauf aufmerksam machen, was uns miteinander verbindet. Und wir sollten vor allem den Kindern vorleben, was es heißt, tolerant einem Andersgläubigen zu begegnen.

Elterngespräche

Nicht alle Eltern befürworten eine Teilnahme ihrer Kinder an kirchlichen Aktivitäten, manche verbieten es sogar. Deshalb sollten Sie sich die Mühe machen, den Eltern dieses Projekt zu erklären und sie dafür zu gewinnen, daß alle Kinder bei dem Projekt mitmachen dürfen und die kirchlichen Feste der Gemeinde kennenlernen können, unabhängig davon, welcher Konfession die Familien angehören.

Ihre Hausaufgabe

Auf diese Gespräche sollten Sie sich gut vorbereiten und sich über die Grundzüge der anderen Religionen, deren Feste, Bräuche, Heilige Schriften, Lehren und Lehrer informieren. Dann können Sie die Elterngespräche sensibler führen, klarer Fragen stellen, auch die Aussagen der Gesprächspartner besser verstehen und gezielter Ihr Anliegen begründen.
Sie müssen ja nicht gleich in die Tiefen der Religionswissenschaften eintauchen. Es gibt über die Religionen inzwischen gute, auch leicht verständliche und dennoch sehr informative Sachbücher.

Die Kirche

Viele Kirchen sind gewaltig große und herausragende Bauwerke und beeindrucken die Kinder sehr. Schon der Blick zur Kirchturmspitze kann einen ganz schwindelig machen. Auch die Kirchenräume sind etwas Besonderes. Das Licht, die Gerüche, die Stille, alles ist ein bißchen anders als die Welt draußen. Wenn Erwachsene eine Kirche betreten, verhalten sie sich plötzlich anders, sie gehen langsamer, flüstern, schauen ehrfurchtsvoll, meditieren oder beten. Das alles beobachten die Kinder.
Wer mag von dieser Erfahrung den andern etwas erzählen? Wenn die Gesprächsrunde in einer gemütlichen Nische und bei Kerzenschein stattfindet, fällt es den Kindern leichter, auch etwas von ihren Gefühlen zu verraten.
Weitere Anregungen für Gespräche über den Glauben siehe Band 1 „Ich“, Seite 134, und Band 2 „Ich und meine Freunde“, Seite 66.

Kirchenfeste

In Kirchen finden schöne Feiern statt, die den Kindern sehr gefallen, zum Beispiel die Taufe und die Trauung, das Erntedankfest und Weihnachten.
Vielleicht gelingt es Ihnen, einmal mit allen Kindern an einem Fest in einer Kirche teilzunehmen?
Vielleicht gelingt es auch, mit allen Kindern an Gottesdiensten anderer Konfessionen teilzunehmen und mit den Pfarrern zu sprechen?
Und vielleicht gelingt es sogar, zusammen mit den Pfarrern aller Konfessionen, die am Ort vertreten sind, ein gemeinsames Kinder-Kirchen-Fest auszurichten. Nicht in einer Kirche, sondern zum Beispiel an einem Sommersonntag auf der Wiese im Stadtpark.

Mitarbeiter der Kirchengemeinde

Wen es interessiert: Eine Kirchenverwaltung hat viele Mitarbeiter, nicht nur den Pfarrer, sondern auch den Meßner oder Hausmeister, den Organisten, den Kirchenchor, die Gemeindeschwester, den Diakon, auch Gemeindedienstfrauen, Bibelkreise, Frauenkreise, Kinder- und Jugendgruppen. Und was wer macht, das können die Kinder diese Leute selber fragen.

Das Vereinsleben

Lustig kann so ein Vereinsleben sein, und sicher werden Sie keine großen Überredungskünste brauchen, wenn Sie nachfragen, ob die Kinder mal dabeisein dürfen. Doch nun der Reihe nach:

Die Vorbesprechungen

- Sind Kinder aus Ihrer Gruppe in Vereinen?
- Sind Eltern oder Sie höchstpersönlich Mitglied eines Vereins im Ort?
- Tagt ein Verein im Nachbarhaus oder sogar in einem Nebenraum Ihres Kindergarten- oder Schulgebäudes?

Schnell haben die Kinder eine Vereins-Liste zusammen, können auswählen und auch entscheiden, ob sie alle miteinander an so einem Vereinstreffen teilnehmen wollen oder ob sie sich in Interessensgruppen aufteilen, verschiedene Vereine besuchen und später den anderen davon berichten wollen.
Die Entscheidungen werden mit Diskussion und Abstimmung getroffen, wie gewohnt.

Die Vereinsliste

Die nachfolgende Liste ist nur eine kleine Übersicht. Sicher werden Ihnen viele Bekannte einfallen, die in einem dieser Vereine sind. Schreiben Sie gleich die Namen dazu – direkt in dieses Buch!

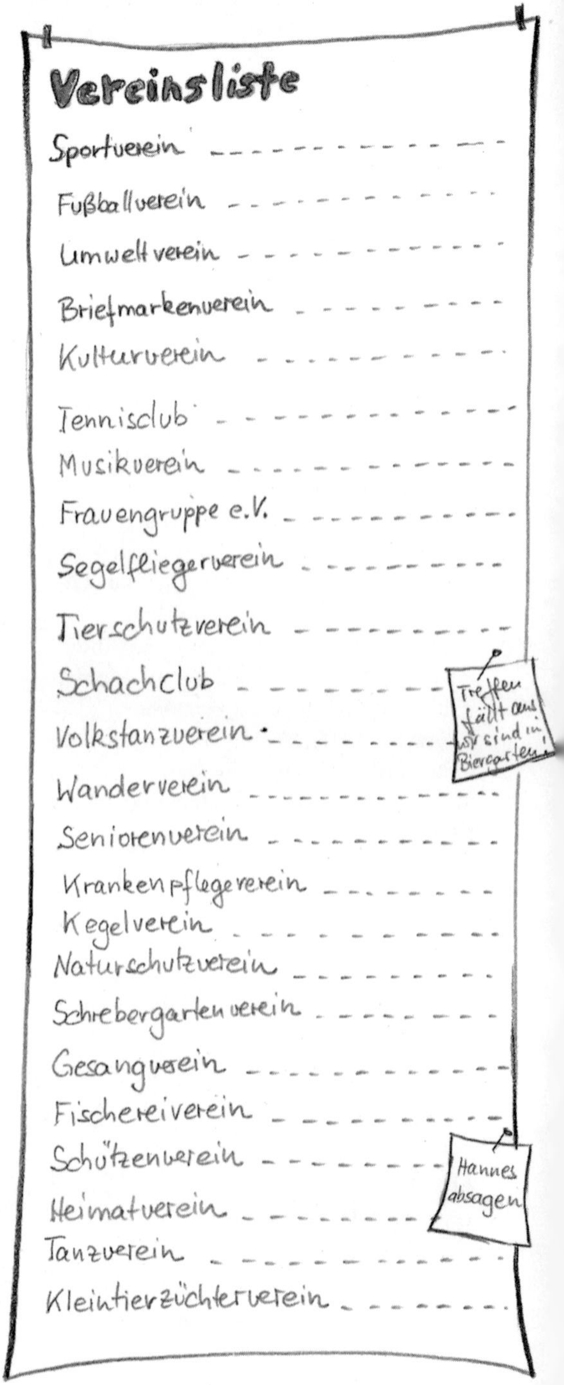

Das Miteinander!

Eines ist sicher, ganz bestimmt wollen die Kinder bei den Vereinen nicht bloß dasitzen und zuschauen und die Leute befragen, sondern richtig dabei sein und mitmachen. Darauf kommt es schließlich bei einem Verein an! Nachfolgend ein paar Beispiele:

Beim Gesangverein
Die Kinder suchen nach einem Lied, das den Erwachsenen des Gesangvereins gefallen könnte. Dieses Lied lernen und üben sie und denken sich dazu auch eine rhythmische Begleitmusik mit Trommeln, Klanghölzern und Rasseln aus. Wer sichergehen will, kann ja vorher den Dirigenten darüber informieren und mit ihm alles genauer besprechen. Und beim Maifest in diesem Jahr werden die großen und kleinen Sänger gemeinsam vor dem Rathaus auftreten.

Beim Briefmarkenverein
Tagelang sammeln die Kinder Briefmarken, fragen überall nach, in Büros, Geschäften, bei Nachbarn und bei den Großeltern. Die Marken kleben aber noch auf den Briefumschlägen oder sind mitsamt dem Umschlagpapier ausgeschnitten.
Wie man die Marken löst und preßt und anfaßt und aufbewahrt, das sollen die Leute im Verein den Kindern zeigen.

Beim Krankenpflegeverein
Da sitzen beim Informationsabend plötzlich kleine Krankenpfleger und Krankenschwestern zwischen den Großen. So wurde es ausgemacht, und der Referent hat sich darauf eingestellt. Ja, auch die Kinder können etwas lernen, zum Beispiel, wie man einem Kranken mit Stuhl und Kissen im Bett eine gute Lehne baut, wie man Wadenwickel macht und daß man immer das Zimmer gut lüften soll.

Im Tennisclub
Einmal einen großen Tennisschläger halten, einen Ball weit wegschlagen, über den roten Tennisplatz rennen! Der Traum kann in Erfüllung gehen. Ein Aushang im Tennisclub fragt nach Patenschaften, denn jedes Kind soll einen eigenen Tennislehrer bekommen. Geplant ist das sportliche Unternehmen an einem Nachmittag, an dem nur die Kinder mit ihren Tennislehrern auf den Platz dürfen. Das ist wirklich eine große Ausnahme!

Es standen zwei Häuser ganz nah beieinander

C G C
Die Kö - chin vom Hau - se der Kin - der er - krank - te,
C7
da sag - te die Kö - chin vom an - de - ren Haus:
F C7 F C7
„Ich koch' heu - te ein - fach die dop - pel - te Men - ge
F C7 F
und la - de die Kin - der zum Schmaus!“

Es standen zwei Häuser ganz nah beieinander.
In einem haben Kinder tagtäglich gespielt.
Im anderen Haus wohnten nur alte Leute,
die haben sich steinalt gefühlt.

Die kamen sich kränklicher vor als sie waren.
Sie liefen so wacklig, die Haare schneeweiß,
sie rochen nach Salben und nach welken Blumen
und hüstelten dauernd ganz leis.

Die Köchin vom Hause der Kinder erkrankte.
Da sagte die Köchin vom anderen Haus:
„Ich koch' heute einfach die doppelte Menge
und lade die Kinder zum Schmaus!"

Es guckten die Alten so streng zu den Kindern.
und dachten: „Jetzt werden sie gleich frech und laut!"
Und von ihren Tellern haben ängstlich die Kinder
zu ihnen hinübergeschaut.

Es gab Makkaroni in leckerer Soße.
Die Kinder haben sich fast die Finger verrenkt,
daß nur keines kleckert, damit niemand meckert.
Sie haben sich so angestrengt!

Da ... Flupps! ... rutscht dem Herrn mit der goldenen Brille
ein Stück Makkaroni zurück aus dem Mund.
Die Spritzer der Soße verteilen sich lustig,
sein Brillenglas glitzert ganz bunt.

Im gleichen Moment fällt der Kleinsten von allen
die Gabel ins Essen, daß es nur so spritzt.
Sie schaut ängstlich rüber. Da winkt ihr doch einer
und lächelt so richtig verschmitzt.

Der Herr mit der Brille nimmt plötzlich die Finger
und schlürft jede Nudel genüßlich hinein.
Sofort nehmen viele die Finger zum Essen
und kichern und lachen und schrei'n.

Verschmiert sind am Schluß fast bei allen die Finger,
bei einem der Mund und beim andern die Nas'.
Und ständig ruft jemand: „Wann kommt ihr denn wieder?
Mit euch macht das so einen Spaß!"

Heimatgefühle

Man kennt sich ja!

Viel haben die Kinder in ihrer Gemeinde jetzt erlebt, gehört, beobachtet. Sie kennen wichtige Leute, wie den Postler, den Polizisten und auch den Bürgermeister. Viele Ecken und Plätze sind ihnen vertraut, viele Gebäude und Bauwerke bekannt. Sie kennen sich aus in ihrem Ort oder Wohnviertel, haben keine Scheu mehr, die Erwachsenen anzusprechen, sie etwas zu fragen, denn sie wissen, wie man das macht, haben darin Routine.
Wenn die Kinder jetzt in ihrem Ort spazierengehen, durch die Straßen und Gassen ziehen, über die Plätze und durch die Parks bummeln, dann werden sie freudig Ausschau halten, ob ihnen ein Bekannter begegnet, vielleicht der Polizist oder jemand von der Gemeindeverwaltung oder einer aus den Vereinen? Man kennt sich ja!

Lernziel erreicht!

Ein gutes Gefühl, dazuzugehören! Das stärkt die kleinen Mitbürger, macht sie sicher, aufgeschlossen und interessiert. Ein schönes Gefühl, wenn die anderen auf der Straße einen kennen, einen grüßen, mit einem reden!

Dazugehören

Das alles ist das Heimatgefühl! Und genauso können Sie es den Kindern erklären. Dann wissen die nämlich, wie das Kribbeln im Bauch heißt!
Dieses vertraute Gefühl kann auch ein Ausländerkind haben, wenn es bei den Aktionen dabei war, nun auch die andere Leute aus der Gemeinde kennt und sich im neuen Wohnort sicher und wohl fühlt!

Das war schön!

Nach all den Aktionen, Projekten, Ausflügen und Exkursen, all den Erfahrungen, Begegnungen und all dem Wissen, das sich die Kinder angeeignet haben, wird diese Gesprächsrunde zum Schluß für alle sehr aufschlußreich sein. Einer nach dem anderen erzählt, was er schön fand, an was er sich noch erinnern kann, was er nie mehr vergessen will.
Wenn dieses Rundgespräch den Kindern gefallen hat, dann können Sie an weiteren Tagen immer wieder dazu einladen. Und jedesmal stellen Sie an die Kinderschar eine andere Frage, die dann alle beantworten – fast alle, denn manchmal ist auch Zuhören schön.

- Wen kann ich jetzt gut leiden?
- Wo bin ich jetzt gerne?
- Welches ist mein Lieblingsplatz?
- Wen möchte ich bald wieder treffen?
- Wem möchte ich ein Bild malen?

Heimat-Bilderbuch

Eine Bilderbuch-Malecke wird eingerichtet und bleibt so lange, bis alle Kinder ihren Beitrag für das Heimat-Bilderbuch erledigt haben. Und das ist die Aufgabe:
Jedes Kind entscheidet sich für eine Sache, die es am schönsten fand und gerne malen möchte. Das kann ein Handwerker sein, das große Rathaus, die Kinderabteilung im Krankenhaus, der Kindergottesdienst oder das Treffen mit dem Polizisten.
Nach getaner Arbeit erklärt Ihnen der kleine Künstler sein Werk, und Sie notieren auf einem extra Blatt dessen Beschreibung, dazu wird ein Foto des Kindes geklebt, das Sie so nebenbei einmal aufgenommen haben. Sind alle Bilder gemalt, werden sie sortiert, und zwar so, daß beim Aufblättern auf der linken Seite das Kinderfoto und der Kommentar stehen, und auf der rechten Seite die Zeichnung. Jetzt kann der Bilderstapel zu einem schönen, großen Bilderbuch zusammengebunden werden. Mit dickem Filzstift schreiben Sie auf den Umschlag den Titel, auch den Namen der Kindergruppe und den Kindergarten oder die Schule.
Vielleicht leihen die Kinder ihr Heimatbuch ein paar Tage dem Bürgermeister oder der Gemeindebibliothek aus, damit andere auch in den Genuß der bebilderten Heimatgeschichte kommen.

4. Kapitel

Der Kindergarten und die anderen

Bewegte Zeiten

Leben ist Veränderung

Unsere Lebensformen sind einem ständigen Wechsel unterzogen, und so auch unsere sozialen und ökonomischen Lebensbedingungen. Genau das ist Leben! Lebendig sein bedeutet sich entwickeln und sich verändern! Wer sich gut auf ein Zusammenleben mit anderen einstellt, der ist in der Lage, auf diese Veränderungen zu reagieren. Das gilt es den Kindern zu zeigen.

Wer also Kinder auf ihr zukünftiges Leben in der Gemeinschaft mit anderen Menschen vorbereiten will, der muß sie mit Verhaltensweisen, Fähigkeiten und Fertigkeiten ausstatten, die sie dazu befähigen, sich in diesen sich ständig wechselnden Lebenssituationen zurechtzufinden und die Veränderungsprozesse selbst mitzugestalten.

Lernziel: Eigeninitiative

Mit anderen Menschen zusammenleben können, das bedeutet nicht nur, daß man mit den anderen Kontakt aufnehmen und miteinander reden kann (siehe Kapitel 1) oder die anderen bei ihrer täglichen Arbeit trifft (siehe Kapitel 2 und 3) oder das Familienleben der anderen kennenlernt (siehe Band 3 dieser Buchreihe: „Ich und meine Familie", Kapitel 1), sondern auch, daß man im Alltag miteinander kooperieren kann. Was der Kindergarten dazu beitragen kann, das wird in diesem Kapitel anhand ausgewählter Beispiele beschrieben. Es sind Projekte, die im Kindergarten selbst stattfinden und die vor allem das soziale und kulturelle Leben in der Gemeinde unterstützen.

Das können die Kinder dabei lernen:

- Eigeninitiative entwickeln, eine Sache selbst in die Hand nehmen,
- die Probleme erkennen und wahrnehmen, sich ihnen stellen und selbst nach Lösungen suchen,
- sich phantasievolle, kreative und originelle Lösungswege ausdenken,
- Mut haben, auch ungewöhnliche Initiativen zu realisieren,
- Veränderungen bewußt selbst herbeiführen,
- bereit sein, mit anderen zusammen Veränderungen durchzuführen,
- Mißerfolge als Lernschritte zu erleben,
- aushalten und weitermachen, bis das erstrebte Ziel erreicht ist,
- sich zutrauen, selbst seine Situation zu bewältigen.

Vorbild sein

Bei den Projekten erfahren die Kinder, wie Sie die Veränderungen im Familien- und Gemeindeleben wahrnehmen und mit Angeboten und Aktivitäten darauf reagieren. Die Kinder erleben, wie Sie Verantwortung übernehmen, Herausforderungen annehmen, tatkräftig nach Lösungswegen suchen, initiativ werden und auch Ungewöhnliches wagen.
Und das ist es, was die Kinder durch Beobachten und Mitmachen von Ihnen als Vorbild lernen.

Kinder machen mit

Auf den ersten Blick scheinen die Aktivitäten, die in diesem Kapitel beschrieben sind, nur die Erwachsenen zu betreffen. Doch wer „hinter die Kulissen" schaut, wird erkennen, daß die Kinder bei allen Aktivitäten mitten dabei sind.
Es liegt also an Ihnen, wie Sie bei den Projekten die Kinder miteinbeziehen, zum Beispiel bei den Diskussionen nach deren Meinung fragen, bei der Planung auch ihre Ideen anhören, bei Entscheidungen die Kinder mit abstimmen und bei der Durchführung mit anpakken lassen. Wenn Sie dabei den Kindern zeigen, daß Sie ihnen das alles zutrauen, dann geben Sie den Kindern eine ganz neue, ungewöhnliche Chance.

Basar und Börse

Das klingt nun ganz nach Handeln und Geldverdienen! Ist es auch – ein klein wenig! Für die Kinder allerdings ist es eher Spiel und Spaß: Die Vorbereitung, das Sammeln, Zusammenstellen und Aufstellen, das alles ist für sie eine aufregende Arbeit.

Auf dieser Seite sind also Aktionen beschrieben, bei denen Ihre Gemeinschaftskasse aufgefüllt wird. Wozu diese Finanzspritze? Vielleicht weil Sie einen Ausflug planen und nicht alle Familien für die Fahrtkosten ihrer Kinder aufkommen können, oder weil einige Familien das Mittagessen im Kindergarten nicht mehr bezahlen können.

Tip: Wenn Sie die Durchführung der Aktionen dem Elternverein oder einer Elterninitiative überlassen, dann haben Sie mit den Einnahmen keine Verrechnungsprobleme. Das Geld wird dann vom Elternverein gespendet, und zwar sachbezogen für das, was dringend benötigt wird.

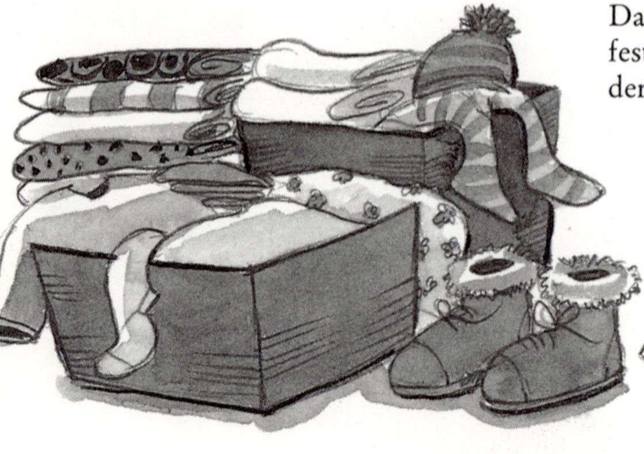

Kleiderbasar

Sammel-Listen
Schon Wochen vorher wird der Basar angekündigt. Alle abgelieferten Gegenstände oder Kleidungsstücke werden genau aufgelistet und fortlaufend durchnumeriert.

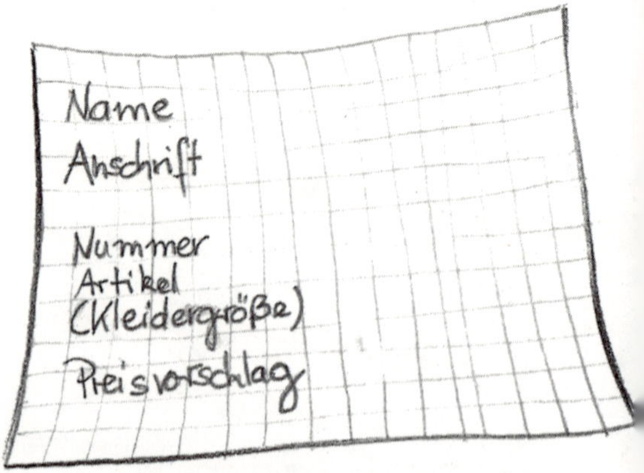

Die gleichen Angaben werden auch auf ein Klebe-Etikett geschrieben und auf den Artikel gut sichtbar aufgeklebt. Diesmal aber ohne Namen und Adresse, sondern nur mit der Nummer. Beim Verkauf des Artikels kann man dann schnell die Nummer auf der Sammel-Liste auffinden und durchstreichen.

Preise
Das ist kein Geheimnis: Der Preis wird festgelegt, die Hälfte davon bekommt der Kindergarten.

Verkauf
Alle Artikel können, nachdem sie etikettiert sind, von den Kindern nach Art und Größe neu sortiert und in Kisten und Kartons verstaut werden. Am Verkaufstag werden diese Kisten auf Tische gestellt, um den Erwachsenen das Einkaufen und Suchen in der Hocke oder auf den Knien zu ersparen.
Die Kleider können die Kinder auch mit Klammern an Wäscheleinen oder auf Bügel hängen.

Kasse
Wer einen Artikel kaufen will, geht damit zur Kasse und bezahlt. Vorher muß aber jemand den Artikel in der Sammel-Liste ausstreichen. So bleibt der Verkauf übersichtlich!

Allgemeine Geschäftsbedingungen
„Kauf und Verkauf erfolgt unter Ausschluß von Haftung und Gewährleistung!“ Diese Formulierung schützt Sie vor Reklamations- und Gewährleistungsansprüchen. Hängen Sie Plakate diesen Inhalts am Eingang auf.

Abschluß
Alle übriggebliebenen Artikel werden in Tüten sortiert, mit Namen versehen und das Geld der verkauften Artikel in einem Umschlag dazugelegt. Am darauffolgenden Tag sollten die Familien ihre Tüten abholen und ihr Geld nachzählen.

Flohmarkt

Hier bieten die Kinder selber ihre alten Spielsachen und sonstigen wunderschönen Kitsch-Krimskrams zum Verkauf an. Jeder muß auch selber verhandeln. Das wird mit den Kindern vorher in Rollenspielen geübt. Auch Ablauf und Zeitrahmen des Flohmarktes werden mit den Kindern genau besprochen, damit sie sich mitverantwortlich fühlen. Der Erlös kommt diesmal in die Kinderhosentaschen.

Blumenbörse

Was tun mit der zu groß gewordenen Zimmerpflanze oder mit den vielen kleinen Ablegern? Sie werden zur Blumenbörse in den Kindergarten gebracht. Die Kinder versorgen und pflegen die Pflanzen, topfen ein und um. Dabei helfen die Hobbygärtner unter den Eltern oder Nachbarn, sie beschriften auch die Schildchen mit den Namen der Pflanzen und notieren Pflegetips.

Mit großem Eifer werden die Kinder bei dieser Gärtner-Arbeit mitmachen. Und mit genauso großem Eifer die Blumenbörse betreiben. Wer eine Pflanze haben möchte, der spendet dafür Geld in die Börsenkasse.
Brauchen das Rathaus, das Altenheim oder das Büro nebenan auch neuen Pflanzen? Bittesehr, die Kinder kommen gerne und statten die Räume mit ihren Blumentöpfen aus!

Eltern-Kind-Gruppen

Elternwünsche

Mit Plakaten und Handzetteln, natürlich von den Kindern illustriert, auch mit Zeitungsartikeln und persönlichen Gesprächen werden die Eltern zu einem ersten Treffen eingeladen und nach ihren konkreten Wünschen und Vorstellungen gefragt. Immer wieder sind es die selben Elterninteressen:

- Gespräche und Erfahrungsaustausch mit anderen Eltern;
- Hilfe und Beratung von Fachleuten bei Erziehungsproblemen;
- vor allem für Einzelkinder soziale Kontakte in einer Kindergruppe; das erleichtert später den Übergang in den Kindergarten.

Kinderwünsche

Und was meinen die Kindergartenkinder dazu? Wollen sie die neuen Hausgäste auch sehen und besuchen? Vielleicht ein Weilchen Babysitter sein? Gibt es Spielsachen, die die Kindergartenkinder für die Kleinen aussortieren wollen? Dürfen die Babys auch in die Kuschelecke kommen oder beim Singen und Spielen dabei sein?
Da gibt es viel zu klären und abzusprechen. Und ganz bestimmt haben die Kinder dazu ihre eigenen Vorstellungen.

Die Organisation

So könnte es weitergehen:
Ein Raum, der im Kindergarten nur wenig genützt wird, wird für diese Gruppe eingerichtet. Das machen die Eltern selber, die Kindergartenkinder helfen dabei gerne mit.
Einmal in der Woche treffen sich die Eltern in der Eltern-Kind-Gruppe. Manche sagen lieber Mutter-Kind-Gruppe oder Eltern-Treff.
Als Zeitrahmen werden anfangs pro Woche zwei Stunden vereinbart.
Eine Erzieherin begleitet die Gruppe. Kolleginnen übernehmen während dieser Zeit ihre Kindergartengruppe.
Immer wieder werden auch Referenten eingeladen. Damit der Vortrag und das anschließende Gespräch ungestört verlaufen können, wechseln sich die Eltern in der Betreuung ihrer Kleinen ab.

Weitere Anregungen für Eltern-Treffs siehe Band 3 „Ich und meine Familie", Seite 128–139.

Lernen und Erfahren

Die Kinder lernen, mit Babys umzugehen, und erfahren, wie es ist, wenn man sich um kleine Geschwisterchen kümmern muß.
Die Erzieherin bekommt mehr Sicherheit im Umgang mit Elterngruppen, erfährt von den Wünschen und Nöten der Eltern und kann mit diesen Erfahrungen bessere Elternarbeit leisten.
Das Verhältnis der Eltern untereinander wird vertrauter.

Helfergruppe Eltern

Mit der Zeit können die Eltern die Organisation ihrer Treffen selber in die Hand nehmen. Meist wollen sie sich dann auch öfter im Kindergarten treffen. Warum nicht? Die Erzieherin muß ja nicht immer dabei sein.
Auch die Zusammenarbeit mit der Eltern-Kind-Gruppe kann intensiviert werden. Das hat Vorteile: Die Eltern, geschult und informiert durch die Fachvorträge und Diskussionen, werden für die Erzieherin zuverlässige Helfer sein.

Ein Familienzentrum

Das ist Zukunftsmusik, die sich nicht nur gut anhört, sondern in manchen Gemeinden bereits voll im Gange ist. Es kommt ganz darauf an, wieviel Räume im Kindergarten dafür zur Verfügung stehen, ob Bedarf vorhanden ist und ob es gelingt, den Träger und die Gemeinde für dieses Vorhaben zu gewinnen.
Dann sollten Sie auch die Beratung und Zusammenarbeit mit dem Jugendamt, dem Sozialamt oder einer Familienberatungsstelle suchen. Diese Kooperation erleichtert und entlastet Ihre Arbeit.

Klar, daß bei solchen Plänen auch die Wünsche und Erwartungen der Kindergartenkinder erfaßt und berücksichtigt werden!

Der Kindergarten wird ein Kinderhaus

Das ist für viele Kindergärten kein Neuland mehr: Krabbelgruppe, Kinderkrippe, Kinderhort, Kinderbetreuung, Hausaufgaben-Betreuung, Kinderclub. Hinter all den Bezeichnungen steckt die gleiche Sache:
Der Kindergarten macht ein zusätzliches Angebot für die Betreuung und Förderung der Kinder aller Altersstufen, also auch Babys und Schulkinder.

Angebot und Nachfrage

Wer situationsorientiertes Arbeiten gewohnt ist, weiß, daß bei einem neuen Projekt eine Situationsanalyse mit Bedarfsplan vorausgeht. Doch auch Ihr Angebot kann die Nachfrage bei Familien auslösen, das zeigt die Erfahrung, vor allem bei Eltern, die es nicht gewohnt sind, mit einem Kindergarten zusammenzuarbeiten.
Nachfolgend zwei Beispiele, die erste Schritte auf dem Weg zur Realisierung eines Kinderhauses sein können.

Krabbelgruppe

Hier werden zum Beispiel Kinder im Alter von 18 bis 36 Monaten betreut. Weitere praktische Tips für die Realisierung dieses Projektes:
Die Betreuer sollten als Bezugspersonen immer zur gleichen Zeit präsent sein und nicht zu häufig wechseln.
Der Raum darf nicht zu klein sein, denn auch kleine Kinder brauchen viel Platz zum Spielen, Krabbeln, Springen und Herumpurzeln.
Die Eltern dürfen kommen, bleiben und gehen, wann sie wollen.
Die Krabbelkinder dürfen auch in die Gruppenräume des Kindergartens kommen. Aber das Wann und Wie muß vorher mit den Kindergartenkindern vereinbart werden.
Frühstück gibt es nach Bedarf, das Mittagessen immer zur gleichen Zeit. Vielleicht gemeinsam mit den Kindergartenkindern?
Müde Kinder können sich jederzeit in die Schlafecke zurückziehen, der Mittagsschlaf ist Gewohnheitssache, jeder darf so lange schlafen, wie er will. Vielleicht verkriecht sich auch hin und wieder ein Kindergartenkind in den Schlafraum? Warum nicht?

Kinderclub

Hier treffen sich die großen Kinder im Alter von 6 bis 12 Jahren.
Sie kommen nach der Schule in den Kinderclub, haben ihr Clubzimmer selber eingerichtet und machen dort auch ihre Hausaufgaben.
Nach dem Mittagessen und den Hausaufgaben können die Schüler das Programmangebot des Kindergartens nutzen oder eigene Spiele in ihrem Clubzimmer oder draußen im Garten spielen. Das finden die Kindergartenkinder toll, wenn die Großen immer wieder bei den Spielen mitmachen.
Ein Betreuer steht den Club-Kindern zur Seite, hält sich aber mit Rat und Tat zurück, wann immer es geht. Denn die Kinder sollen lernen, selbst die Regeln in der Gruppe auszuhandeln und sich an Absprachen zu halten. Wie gut, wenn das die Kindergartenkinder beobachten und von den Großen lernen können.

Praktische Spielanregungen, die im besonderen das Sozialverhalten in der Gruppe fördern, sind in Band 2 „Ich und meine Freunde“ auf den Seiten 88–91, 96–103 nachzulesen.

Betreuung und Verantwortung

Die Betreuer der Kindergruppen werden anfangs ehrenamtliche Mitarbeiterinnen und Mitarbeiter sein, zum Beispiel Leute aus Vereinen, Initiativgruppen und Organisationen wie Nachbarschaftshilfe, Rotes Kreuz oder Elternverein. Das Bestreben aber sollte sein, die Gemeindeverwaltung miteinzubinden, in Verantwortung und Pflicht zu nehmen. Das geht viel einfacher, wenn Sie nachweisen können, wie erfolgreich die Aktion „Kinderhaus“ mit den betreuten Kindergruppen läuft und wie stark die Nachfrage ist.

Beiträge

Jede Familie bezahlt einen Monatsbeitrag. Wenn Familien für diese Kosten nicht aufkommen können, dann wird das zuständige Jugend- oder Sozialamt mit Rat und Tat weiterhelfen.

Nähstube und Reparatur-Werkstatt

Haben Sie im Kindergarten einen Nebenraum, der nichts anderes ist als ein Abstellraum? Haben Sie vielleicht auch einen Keller und könnten dorthin die Sachen aus dem Abstellraum verfrachten? Prima! Dann steht einer kleinen Nähstube oder einer Reparatur-Werkstatt nichts mehr im Wege! Das ist ein tolles Serviceangebot, das dem Kindergarten zusätzlich Geld einbringt. Wozu das Geld? Zum Beispiel, um zusätzlich eine Erzieherin einzustellen, die von 16 bis 19 Uhr Kindergartenkinder betreut, deren Eltern erst so spät von der Arbeit nach Hause kommen.

Und die Finanzen?
Die werden zum Beispiel so ausgehandelt: Der Kindergarten bekommt von der Nähstube oder der Werkstatt die Hälfte des Gewinns. Zum einen, weil der Raum zur Verfügung gestellt wird, zum anderen, weil Geldspenden im Kindergarten dringend gebraucht werden.

Und die Mitarbeiter?
Hier heißt es Freiwillige vor! Fragen Sie bei den Senioren in der Nachbarschaft nach, und natürlich bei den Eltern oder Großeltern.

Die kleine Nähstube

„Wer kann uns für unsere Nähstube eine Nähmaschine ausleihen oder verschenken? Wir brauchen auch Stoffe, Stoffreste, Reißverschlüsse, Nähgarne, Nadeln, Scheren und alles, was man zum Schneidern, Nähen und Flicken verwenden kann!“
Diese Aufforderung ist auf Plakaten und Handzetteln zu lesen. Die große Sammlung beginnt. Die fleißigen Nähstuben-Helferinnen und -Helfer sind längst aufgrund persönlicher Nachfragen gefunden worden und bereits voll im Einsatz beim Sammeln und Einrichten. Die Kindergartenkinder machen natürlich mit und sortieren zum Beispiel die Nähutensilien in buntbeklebte Schachteln. Später dürfen sie bei den Näharbeiten dabei sein, wann sie wollen, und bekommen auch gezeigt, was sie interessiert. Das ist versprochen!
Die Nähstube hat täglich eine oder mehrere Stunden geöffnet, vor allem dann, wenn die Eltern ihre Kinder in den Kindergarten bringen oder abholen. Die Service-Leistung ist auf einem Plakat beschrieben:

Reparatur-Werkstatt

Ist Ihr Werkraum im Kindergarten groß genug, so daß dort zusätzlich eine Ecke für eine Reparatur-Werkstatt eingerichtet werden kann? Das wäre das Beste, denn dann könnten die Kinder jederzeit dem Handwerker über die Schulter schauen, helfen und mitmachen.
Doch neben dem handwerklichen Geschick lernen die Kinder noch etwas anderes: Daß man seine Sachen pfleglicher behandeln sollte, weil das Reparieren manchmal recht mühsam ist, aber auch, daß man Kaputtes nicht gleich wegzuwerfen braucht, sondern reparieren und wieder benützen kann.
Auch die Service-Leistung der Reparatur-Werkstatt wird mit einem Plakat angekündigt:

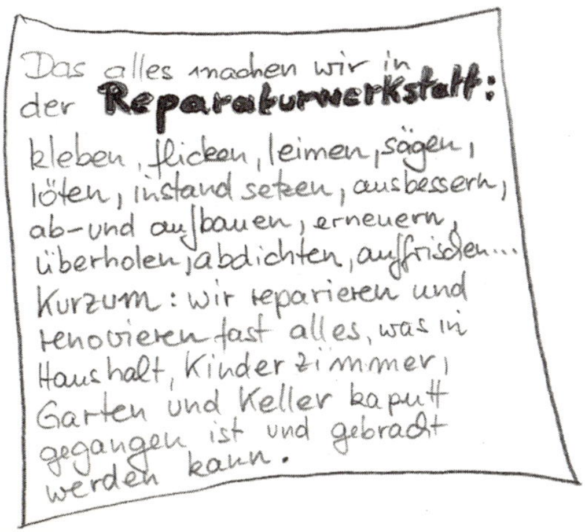

Kleine Ladenecke

Haben Sie im Flur des Kindergartens oder neben dem Eingang eine freie Nische oder Ecke? Das ist genau der Platz für eine kleine Ladenecke. In einem großen Schrank sind die Angebote zu bewundern, zum Beispiel dies:

- Arbeiten aus der Behinderten-Werkstatt;
- Angebote aus dem Dritte-Welt-Laden;
- Bücher aus dem Kinderbuchladen;
- Second-Hand-Kinderkleider;
- gebrauchte Kindermöbel und Kinderwagen;
- Kinderbastelarbeiten (nützliche Dinge wie beklebte Geschenktüten, gebackene Kekse, bedrucktes Briefpapier);
- Arbeiten von Künstlern des Ortes.

Es könnte auch jedes Vierteljahr das Verkaufsangebot wechseln. Und wie das den Kindergartenkindern Spaß macht, beim Ausstellen der Waren und beim Verkaufen mitzumachen!

Endlich etwas los im Ort!

Die Argumente

Das zum Beispiel sind die Argumente, wenn Sie aus Ihrem Kindergarten ein Gemeinde-Kultur-Zentrum machen wollen:

- Wenn der Kindergarten an einem kleinen Ort ist, wo es weder Platz noch Räume noch Angebote für Kultur und Fortbildung gibt, aber die Kinder, die Eltern und andere Mitbürger sehr daran interessiert sind;
- wenn der Kindergarten in einem Stadtteil ist, wo von Volkshochschule, Musikschule und Beratungszentren weit und breit nichts zu sehen ist, wo sich alles in einem anderen Stadtviertel abspielt und die Kinder und Familien Ihres Wohngebietes durch die mangelnden Angebote benachteiligt sind;
- wenn auch Sie der Meinung sind, daß der Kindergarten keine isolierte, ab- und ausgegrenzte Institution in Ihrer Gemeinde sein soll, sondern eine gemeinwesenorientierte Arbeit Ihr zukünftiges Ziel und Konzept ist.

Einfach beginnen

Sie laden die Personen, die mitmachen und das Projekt unterstützen wollen, in Ihr Besprechungszimmer ein und überlegen gemeinsam den Ablauf und die Organisation des Vorhabens. Ob Sie gleich einen Förderverein gründen oder einfach mal mit einer Sache beginnen wollen, das wird die Gruppe entscheiden.
Wichtig ist, daß alle Aufgaben verteilt werden und eine gute Terminplanung abgesprochen wird.
Hier ein paar Beispiele, was sich im Kindergarten alles abspielen könnte.

Extra Absprache

Wenn Kindergartenkinder an einem der Kursangebote interessiert sind, zuschauen oder sogar mitmachen wollen, werden sie bevorzugt behandelt, das ist klar!

Bildungszentrum

Musikunterricht im Gruppenraum
Die Jugendmusikschule kommt in den Kindergarten, wenn die offizielle Kindergartenzeit zu Ende ist. Eine Flötengruppe, ein Klarinetten- oder Gitarrenschüler braucht wirklich nicht viel Platz zum Üben und Spielen. Vielleicht wird bald im Turnsaal ein Klavier stehen, ausgeliehen von der Musikschule für den Klavierunterricht.

Volkshochschulkurse im Besprechungszimmer
Der Kindergarten wird zur Nebenstelle der Volkshochschule, die Kurse finden statt, wenn das Besprechungszimmer frei ist. Das läßt sich regeln.
Sollten nicht ausreichend Stühle vorhanden sein, dann könnte eine extra Stuhl-Sammlung weiterhelfen! Die Kinder machen mit und streichen die Stühle bunt an. Typisch Kindergarten! Doch auch auf bunten Stühlen läßt sich gut Englisch lernen, über Politik diskutieren, über Kinderkrankheiten referieren und über Erziehungsprobleme diskutieren.

Sporttraining im Turnraum
Der Sportverein ist froh, endlich einen Raum für das Tischtennistraining am Nachmittag zu haben. Die Kindergartenkinder sind dabei eifrige Zuschauer! Auch bei der Rückengymnastik am Vormittag sind immer ein paar Kinder dabei. Und die Volkstanzgruppe kann sicher sein, daß bei den Kursen am Samstagvormittag zukünftig Kinder dabei sein und mitmachen werden.

Beratungszentrum

Sie haben einen Nebenraum frei? Jeden Tag könnte dieser von einem anderen Amt belegt werden. Unkompliziert soll es zugehen, da sind sich alle einig!
In Absprache mit dem Jugendamt, dem Sozialamt, den Wohlfahrtsverbänden und auch den Erziehungsberatungsstellen könnten im Kindergarten Eltern- und Familienberatungen stattfinden, um den Familien und Kindern die Anreise und das Kommen zu erleichtern. Das Angebot richtet sich nach dem Bedarf, ob es sich nun um Erziehungsfragen, Schulberatung, Finanzen, Steuerangelegenheiten oder um die Beratung und Unterstützung von Ausländern oder Arbeitssuchenden handelt.
Das Raumangebot werden sicher auch Therapeuten für ihre Arbeit mit Kindern in Anspruch nehmen, zum Beispiel die Logopädin, Spieltherapeutin, Musiktherapeutin, Krankengymnastin, Atemtherapeutin.

Öffentlichkeitsarbeit

Mein Kindergarten ist der Beste!

Ja, wie gerne sagen das die Kinder und sind stolz darauf, und wie gerne betonen das die Eltern, hören das die Träger und lassen Sie sich das bestätigen! Doch der gute Ruf kommt nicht von allein, auch wenn Sie noch so hervorragende Arbeit ausführen. Solange die anderen davon nichts wissen und erfahren, bleiben Ihre Leistungen im verborgenen, keiner redet davon, niemand schätzt Ihr erzieherisches Können, nicht einer staunt über Ihr pädagogisches Wissen, kein Mensch würdigt Ihr soziales Engagement.
Na – das können Sie nachhaltig und schnell ändern! Nachfolgend Argumente, Stichworte und ein paar gute Ratschläge.
Zurückhaltung und Bescheidenheit der Erzieherin sind vorbei, alle Welt soll hören und lesen, was Sie bei den Kindern leisten, bewerkstelligen und fördern! Tragen auch Sie dazu bei, daß die Kindergartenarbeit im Erziehungs- und Bildungssystem die hohe Stellung und Wertschätzung erfährt, die ihr zusteht!

Ehre, wem Ehre gebührt!

Sie sind es, die mit Ihrer Arbeit das Sozialverhalten der Kinder prägen und Selbstbewußtsein und tolerantes Verhalten unterstützen. Ihr Umgang mit den Kindern und Ihre Sensibilität fördern die emotionale Entwicklung der Kinder. Ihre Spielangebote sind es, die zur Entwicklung der Sprache, der Kreativität und Phantasie der Kinder beitragen, und es sind Ihre Aktivitäten, die das Neugier- und Lernverhalten der Kinder entscheidend beeinflussen.

Wer sagt's denn?

Es liegt nun an Ihnen, wie Sie auch die anderen darüber informieren, wie Sie diese verantwortungsvolle Arbeit ausführen. Die anderen, das sind die Eltern, die Trägerschaft, die Gemeinde, eben alle, mit denen Sie zu tun haben! Daß der Kindergarten längst nicht mehr nur ein Ort für Kinderbetreuung ist, das hat sich inzwischen herumgesprochen. Aber die meisten wissen immer noch nicht, was Sie sonst noch alles mit den Kindern tun außer Bilder malen, Kinderlieder singen, Muttertagsherzen ausschneiden, Krabbelverse spielen und Perlen auffädeln. Also, erzählen Sie den anderen von Ihrer Arbeit!

Informationswege

Kindergartenzeitung
Vierteljährlich informiert eine von den Kindern mitgestaltete Broschüre über die Arbeit, Konzeption, Erziehung, über das Kolleginnenteam und alle anderen Mitarbeiter. Die Zeitung wird auch im Rathaus, in der Volkshochschule, Grundschule, Gemeindebibliothek, Buchhandlung und pädagogischen Beratungsstelle ausgelegt. Beim Verteilen helfen die Kindern gerne mit.

Schaukästen am Gartenzaun
Jeden Monat gestalten Sie mit den Kindern diesen Schaukasten neu, mit Fotos, Bastelarbeiten und anderen witzigen Sachen, die auf die Arbeit im Kindergarten aufmerksam machen.

Plakate im Eingangsbereich
Diese informieren über Ihre Projekte und Sonderveranstaltungen, auch über Ihre pädagogischen Konzepte und Ziele. Originelle Überschriften machen neugierig und regen zum Lesen an. Die Kinder sind die Illustratoren. Die Schrift muß groß, die Sprache leicht verständlich sein. Diese Plakate hängen vor allem dort, wo Leute warten müssen und sich deshalb gerne mit dem Leseangebot an der Wand befassen.

Handzettel
Hier werden neben wichtigen Terminen und Besonderheiten immer auch mit kurzen Worten die pädagogische Arbeit und die Zielsetzung formuliert.

Ihre Kompetenz

Wenn Sie noch nicht genau wissen, was und wie Sie von sich, Ihrer Kompetenz und der Qualität Ihrer Arbeit berichten sollen, dann lesen Sie diese Anregungen durch. Sicher fallen Ihnen zu den Stichworten eigene, konkrete Beispiele ein:

Wie Sie Ihre Arbeit planen:
Erzählen Sie, wie Sie Recherchen, Umfragen und Bedarfsanalysen machen, in der Fachliteratur schmökern, auch ungewöhnliche Aktionen realisieren und was Sie alles tun, wenn es um die Förderung der Kinder geht!

Wie Sie Elternarbeit machen:
Schildern Sie, wie Sie die Eltern bei der Planung Ihrer Abeit einbeziehen, deren Wünsche berücksichtigen, Elternkurse anbieten und Elternberatung initiieren!

Wie Sie mit den Kindern umgehen:
Beschreiben Sie, wie die Kinder Ihrer Gruppe bei Projekten aktiv und engagiert mitmachen, wie sie lernen, ihre eigene Meinungen zu äußern und sozial sensibel und tolerant zu handeln.

Wie Sie im Kolleginnenteam arbeiten:
Berichten Sie, wie Sie die Projekte miteinander absprechen, gemeinsam planen, sich unterstützen, sich am Erfolg der anderen freuen und jeder die Mitarbeit des anderen zu schätzen weiß.

Erziehungsziel	Selbständigkeit und Autonomie, emotionale Intelligenz und soziale Kompetenz
Zielgruppe	Kinder von 4 bis 8 Jahren
Lesergruppe	interessierte und engagierte ErzieherInnen, LehrerInnen und Eltern
Inhalt	Erlebnisse, Spiele, Lieder, Bastelsachen, Aktivitäten, Phantasien, Geschichten, Nachdenkliches, Spaßiges zur Förderung der Ich-Stabilität und des Sozialverhaltens der Kinder
Band 1	**Ich** Kinder werden selbstbewußt und tolerant. Spiele, Lieder, Bastelsachen zur Förderung und Entwicklung des sozialen Verhaltens ISBN 3-451-26778-0
Band 2	**Ich und meine Freunde** Kinder werden selbstbewußt und tolerant. Spiele, Lieder und Erlebnisse zur Förderung des sozialen Verhaltens in der Kindergruppe ISBN 3-451-26969-4
Band 3	**Ich und meine Familie** Kinder werden selbstbewußt und tolerant. Spiele, Lieder und Erfahrungen für das Zusammenleben der Generationen ISBN 3-451-22273-6
Band 4	**Ich und die anderen** Kinder werden selbstbewußt und tolerant. Spiele, Lieder und Aktionen für das Leben in der Gemeinschaft ISBN 3-451-22274-4